KB057253

아이슬란드
I C E L A N D

토르게이어 프레이르 스베인손 지음 · 권은현 옮김

세계의 **풍습과 문화**가 궁금한
이들을 위한 **필수 안내서**

세계 문화
여행

아이슬란드

I C E L A N D

시그마북스
Sigma Books

세계 문화 여행 _ 아이슬란드

발행일 2022년 2월 10일 초판 1쇄 발행
지은이 토르게이어 프레이르 스베인슨
옮긴이 권은현
발행인 강학경
발행처 시그마북스
마케팅 정제용
에디터 최연정, 최윤정
디자인 강경희, 김문배

등록번호 제10-965호
주소 서울특별시 영등포구 양평로 22길 21 선유도코오롱디지털타워 A402호
전자우편 sigmabooks@spress.co.kr
홈페이지 http://www.sigmabooks.co.kr
전화 (02) 2062-5288~9
팩시밀리 (02) 323-4197
ISBN 979-11-6862-001-8 (04900)
ISBN 978-89-8445-911-3 (세트)

CULTURE SMART! ICELAND

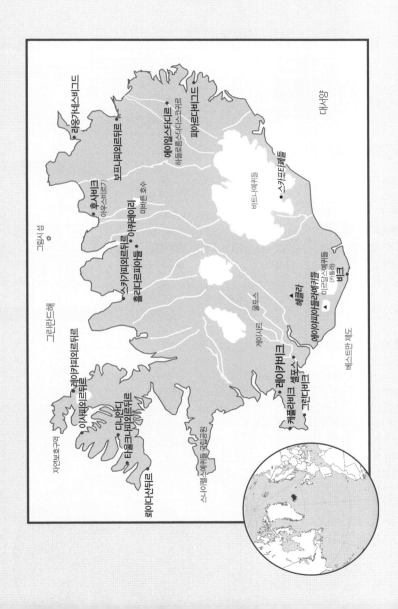

아이슬란드 전도

대서양

스카프타페들

비트네카를

그림세이 섬

미르닫스예퀴들
(큘록)

비크

헤클라

미들달스예퀴들

그린란드해

에이야퍄들라예퀴들

디르홀라이

셀포스

케플라비크 그린다비크

베스트만 제도

카틀라

마르틀라예퀴들

미바튼 호수

에이일스타디르

피요르드베그두르

레이캬르크

네스캬우프스타두르

보르가르피요르두르

후사비크

악뷰레위리

디그라네스

스카가페외르두르

홀라르드피외르 아쿠레이리

드랑에이 섬

라웅가네스

스나이페틀스예퀴들 국립공원

게이시르

굴포스

싱벨리르

크라쿠피요르두르

디나안디

타울크나피요르두르

파트레크스피요르두르

이사피요르두르 네아르피요르두르

자연보호구역

피아드산두르

차 례

아이슬란드는 최근 들어 여행업계에 신성처럼 등장했다. 눈 덮인 험한 산 정상을 배경으로 끓어오르는 청록색의 간헐 온천에서 검은 모래 해변, 콸콸 쏟아지는 빙하 폭포, 천상의 장엄한 북극광에 이르기까지 숨 막히는 비경을 자랑하는 아이슬란드가 여행업계에 등장하기까지 왜 이처럼 오랜 시간이 걸렸는지 의아해할지 모른다. 그러나 북대서양의 외딴 섬 아이슬란드에 사는 사람들은 어떤 모습일까? 그들의 평온한 겉모습을 한 꺼풀 벗겨보면, 그 안에는 자부심이 가득하고, 성실하며, 평등한 모습이 있다. 솔직하고 임기응변이 뛰어난 아이슬란드인들은 아름답지만 혹독한 환경에서 꽃을 피울 수 있었다.

9세기에 아이슬란드에 도착한 초기 정착민들은 복종을 강요하는 노르웨이 왕을 피해 도망친 바이킹족이다. 지형이 험한 외딴 피난지였지만 권위주의에 반대한 노르드인은 아이슬란드 정착에 성공했다. 아이슬란드에서 발전한 사회는 세계에서 가장 잘 살고 진보적인 나라 중 하나로 손꼽힌다. 집마다 수도꼭지에서 깨끗한 온천수가 흘러나오고, 풍부한 지열 덕분에 전 국민에게 난방과 온수가 공급된다.

아이슬란드인은 교육 수준이 높고, 대부분은 집을 소유하고 있으며, 범죄율은 "0"에 가깝고, 포괄적인 복지제도로 힘든 시기를 겪는 국민을 언제든 지원할 준비가 되어 있다. 어떻게 이런 결과를 성취할 수 있었을까? 긴 겨우내 어떤 철학적인 무기가 만들어졌기에 아이슬란드인은 단지 생존에 성공할 뿐 아니라 이처럼 번영하기까지 했을까?

아이슬란드인의 삶의 중심에는 "트헤타 레다스트thetta reddast"라는 개념이 있다. 대충 번역하자면, "다 잘될 거야"라는 뜻으로, 미소가 따르지 않을지라도 아이슬란드인이 하는 모든 일의 기저에 깔린 낙관주의를 반영한다. "트헤타 레다스트"는 살면서 문제에 봉착했을 때 대처할 수 있는 준비성과 유연성을 강조하며, 화산 폭발에서부터 경제 붕괴에 이르기까지 수많은 상황에서 그 가치를 입증했다. 그러나 이처럼 낙관적인 태도에도 단점은 있다. 사전에 계획하기 싫어하므로, 예측하고 피할 수 있던 문제를 처리해야 한다는 것을 의미한다.

아이슬란드 조상의 완고한 자립심도 현대의 아이슬란드인에게 좋은 영향을 미쳤으며, 아이슬란드인은 독립을 가장 높이 평가했고, 수 세기 동안 외세의 지배에도 살아남을 수 있었다. 어린이들에게 어릴 때부터 책임감을 부여하고, 직장에서 나이가 많다고 무조건 존경받지 않으며, 유럽연합EU 가입을 계속해서 거부한 이유를 여기에서 찾을 수 있다. 권력을 의심과 조롱 섞인 시선으로 바라보았다.

《세계 문화 여행_아이슬란드》는 여러분이 방문하는 나라와 그 나라의 복잡한 부분을 깊이 이해하고, 풍부한 경험을 할 수 있는 중요한 혜안을 선사할 지침이 될 것이다. 이 책에서는 현지 표지판과 지도에서 더욱 쉽게 찾을 수 있도록 모든 지명을 아이슬란드어로 표기했다. 아이슬란드어의 고대 노르드어 문자 발음 방법은 204페이지에 수록되어 있다.

공식 명칭	아이슬란드	이슬란드
인구	아이슬란드 36만 명	유럽에서 인구 밀도가 가장 낮다. 아이슬란드 국토의 약 80%에는 사람이 살지 않고 있다.
면적	10만 3천km² (대한민국의 약 1.02배)	미국 테네시 주 크기와 비슷
수도	레이캬비크(인구 13만 1천 명)	고대 노르드어로 "연기의 항만"이라는 뜻
다른 주요 도시	북동 지역의 아쿠레이리, 남부 지역의 아르보르그, 동부 지역의 피아르다비그드	레이캬비크 수도지역에는 코파보귀르, 하프나르피오르뒤르, 가르다바에르 등이 있다.
지형	산봉우리와 비옥한 저지대이며, 아이슬란드의 11%는 빙하로 뒤덮여 있다. 130여 개의 화산이 있으며, 많은 화산이 빙하 깊숙이 묻혀 있다.	중부 대서양 릿지의 꼭대기에 있는 아이슬란드는 유라시아 지각판과 북아메리카 지각판이 서로 멀어지면서 연간 5cm씩 커지고 있다.
기후	온화한 기후. 겨울은 길고, 여름은 짧다. 10월~4월에 눈을 기대할 수 있다.	멕시코만류 덕분에 연중 내내 온화한 기온을 유지한다. 변덕스러운 날씨가 특징이다.
화폐	아이슬란드 크로나(크라운)	ISK
언어	아이슬란드어. 대부분은 영어가 유창하며, 한 개 이상의 북유럽어를 구사한다.	
인종 구성	북게르만인. 대부분의 아이슬란드인은 초기 노르웨이 정착민의 후손과 스코틀랜드와 아일랜드에서 데려온 노예의 후손이다.	
수명	전체 인구의 평균수명: 83세 남성:81세; 여성:85세	
연령 구조	0~14세: 20.31%, 15~24세: 12.85% 25~54세: 39.44%, 55~64세: 11.94% 65세 이상: 15.47%	

종교	아이슬란드 루터파 교회: 63.4%, 기타 비가톨릭 교회: 7.4%, 로마 가톨릭: 4.2%	아사트뤼: 1.31%, 기타 미확인: 14.3%, 무교: 7.17%
정부	의회는 '알씽'으로 불린다. 입법부는 단원제이며, 정당은 다당제로 다수당이 집권하며, 4년마다 선거가 열린다.	2008년 경제 위기 후, 정치적 소요 사태로 인해 최근 들어 선거가 더 자주 열리고 있다.
경제	자본주의 자유 시장 경제와 포괄적 복지제도의 통합형	주요 수출품으로는 어류, 관광, 알루미늄, 소프트웨어, 실리콘, 양모 제품이 있다.
자원	천연자원이 국내 에너지 수요의 85%를 공급한다.	지열 난방과 수력을 비롯해 재생 가능한 에너지원에서 전기와 난방을 100%를 공급한다.
전화	+354	긴급 서비스 112
시간	그리니치 평균시(UTC)	한국보다 9시간 늦음
전기	230V (50Hz)	2구 플러그
미디어	주요 TV 채널은 RÚV(국영 방송으로 세금이 지원됨)	
인터넷	.is	구독자 수가 가장 많은 신문으로는 프리에타블라디드 모르귄블라디드가 있다.

01

영토와 국민

아이슬란드는 극도로 고립되어 있다. 동쪽에서 가장 가까운 이웃 국가인 노르웨이는 약 900km 떨어져 있으며, 그린란드는 서쪽으로 185km 떨어져 있다. 포르투갈이나 버지니아 주와 비슷한 면적을 가진 아이슬란드에는 130개가 넘는 화산이 있으며, 육지의 10%는 거대한 빙하로 덮여 있어 우주에서도 보인다. 인구의 2/3 이상이 남쪽에 있는 수도 레이캬비크에 살고 있으며, 사람이 살지 않는 땅이 영토의 80%나 된다.

아이슬란드는 유럽과 북아메리카 대륙의 중간 지점인 대서양 북단에 자리 잡고 있다. 약 1,800만 년 전 유라시아 지각판과 북아메리카 지각판이 충돌하면서 생겨난 비교적 오래되지 않은 섬이다. 오늘날 두 대륙의 지각판은 서로 멀어지고 있다. 그 결과 지구의 지각층 아래 깊은 곳에서 마그마가 솟아오르고 있어 아이슬란드의 땅덩어리는 매년 5cm 정도씩 커지고 있다.

아이슬란드는 극도로 고립되어 있다. 동쪽에서 가장 가까운 이웃 국가인 노르웨이는 약 900km 떨어져 있으며, 그린란드는 서쪽으로 185km 떨어져 있다.

포르투갈이나 버지니아 주와 비슷한 면적을 가진 아이슬란드에는 130개가 넘는 화산이 있으며, 육지의 10%는 거대한 빙하로 덮여 있어 우주에서도 보인다. 인구의 2/3 이상이 남쪽에 있는 수도 레이캬비크에 살고 있으며, 사람이 살지 않는 땅이 영토의 80%나 된다. 빙하와 화산 외에도 아이슬란드는 끓어오르는 지열 온천과 빙하폭포, 빙하 석호와 어둡고 우뚝 솟은 산을 비롯해 경이로운 자연을 자랑한다.

케르들링가르피외들 산맥의 증기가 나오는 지열 풍경

기후

아이슬란드의 기후는 이름보다 다소 온화하다. 멕시코만류의
따뜻한 해류 덕분에 높은 위도에도 혹한의 겨울 날씨는 피했
다. 아북극 기후인 아이슬란드는 북극 기후와 달리 9월부터 3
월까지 길고 비교적 포근한 겨울 날씨를 보인다. 연중 이맘때
는 낮이 짧아 해가 3~4시간밖에 들지 않으며, 위도와 고도에
따라 차이는 있지만 평균 기온은 영하 2~0℃ 사이를 기록한

아이슬란드 북부 지방의 고다포스 폭포

다. 봄과 여름은 약 4월부터 8월까지로 습하고 서늘하다. 이
때 평균 기온은 13℃이며 기온이 높을 때는 20~25℃까지 올
라가기도 한다. 그렇다고 해서 아이슬란드의 평균 기온에 속
지 말자. 겨울철 기온은 평균 기온보다 훨씬 낮을 때가 있으므
로, 아이슬란드를 방문할 때는 추운 겨울 날씨에 대비하자. 아
이슬란드의 기후는 변덕스럽기로 악명 높으며, 연중 어느 때를
방문하든 잊지 말고 코트와 여러 겹의 옷을 챙겨가자.

인구

아이슬란드의 인구는 약 35만 명으로, 대다수는 9세기 이후 노르웨이에서 건너온 노르드 정착민의 후손이다. 해양을 누비던 바이킹족은 영국 북쪽 섬들을 습격하면서 생포한 노예와 하인을 아이슬란드로 데려왔기 때문에, 아이슬란드에는 아일랜드와 스코틀랜드 조상이 흔하다. 정착민 시대 여성 인구의 60%가 켈트족인 것으로 추산된다. 20세기까지 단일 민족 국가였던 아이슬란드는 경제적인 이유에서 노동력이 필요했고 그 결과 외국인 이주가 많이 늘어났다. 오늘날 아이슬란드 인구의 약 15%는 이주민으로 구성되어 있으며, 그중에서 폴란드와 리투아니아 이주민과 이베리아반도 이주민이 가장 많다.

역사

9세기 후반 노르드 정착민이 노르웨이에서 대서양을 건너 서쪽으로 이주하면서 아이슬란드 정착민의 시대가 시작되었다. 이들이 이주하게 된 주요 원인에 대해서는 아직도 의견이 다양하지만, 대부분의 학자는 노르웨이 국내 정세가 중요한 역할을 했다고 생각한다. 노르웨이 국왕 하랄 1세는 노르웨이를 통일했지만, 절반의 성공에 불과했고, 강제적인 통일에 승복할 수 없던 부족장들은 새로운 터전을 향해 항해를 떠났다. 그중 일부 바이킹 탐험대는 아이슬란드에 도착했지만 혹한의 자연환경으로 생존 자체가 힘들어 결국 정착에 실패하고 말았다. 최초의 탐험가 중에는 아이슬란드라는 이름을 지어 준 플로키 빌레르다이손이 있었다. 여름철에 아이슬란드에 도착한 그는 겨울이 닥치자 추운 겨울을 지낼 준비가 되어 있지 않았다.

노르웨이 화가 오스카르 베르겔란이 그린 아이슬란드에 도착한 최초의 바이킹 정착민들

혹한의 겨울에 지친 그는 아이슬란드에 도착한 같은 해에 노
르웨이로 돌아갔다. 플로키는 아이슬란드를 쓸모없는 땅이라
고 부르기도 했지만, 절대로 포기하지 않고 다시 아이슬란드
로 돌아와 죽을 때까지 이곳에서 여생을 보냈다.

【 서사시 】

아이슬란드 서사시는 서양 문학에 독특한 색채를 가미했다.
사실주의, 객관적인 스타일, 비극적 존엄성이 돋보이는 서사시
는 농부, 전투사, 시인, 연인, 전사, 부족장, 탐험가와 같이 아이

슬란드의 초기 거주민의 삶을 묘사한다.

단편 서사시들은 10세기 초로 추정되는 역사적 사건들을 묘사하고 있다. 서사시의 저자는 알려지지 않았지만, 구전 문화가 200년이 지난 13세기에 기록되었을 것으로 생각하는 사람들이 많다. 무명작가들이 지은 것으로 생각하는 사람들도 있다. 서사시의 내용이 사실이든 허구든, 아니면 사실과 허구가 합쳐진 것이든, 서사시는 오랫동안 아이슬란드 정체성의 한 기둥을 차지했다. 특히 정치적 목적으로 시작되어 계속 이어진

한스 달(1849~1937)의 '빌란드 사가: 레이프 에릭슨의 미국 발견'

독립운동 기간에 아이슬란드 역사에 중요한 한 획을 그었다.

많은 단편 서사시는 부족 간의 전쟁, 신화에 등장하는 존재, 배신과 정의를 객관적으로 묘사한 특징이 있다. 이후에 캐나다와 미국으로 알려진 동부 해안을 탐험했고, 최초로 노르드 인을 뜻밖에 만나게 된 탐험가 리프 에릭손의 일화를 수록한 작품도 있다(아이슬란드 문학과 관련한 자세한 내용은 6장을 참고하자).

【 아이슬란드 자유국 (930~1262년) 】

중세 아이슬란드 국가는 독특한 체제하에 통치되었다. 아이슬란드 의회는 세계에서 현존하는 가장 오래된 의회로, 930년 수도 레이캬비크에서 북동쪽으로 45km 떨어진 곳에 있는 트힝그베들리르에 설립되었다. 매년 6월이 되면 2주 동안 족장들이 모여, 영토의 통치를 논의하고 법적 분쟁을 해결하기 위해 집회를 개최했다. 집회는 사회적인 행사로 전국에서 자유인이 참석했으며, 농부, 교역상, 장인, 이야기꾼과 분쟁거리를 해결해야 하는 사람들이 모였다. 법적 문제를 관장했고 투표로 법을 통과시켰다. 956년까지 국토를 4등분 해 각 지역에 하나씩 총 4개의 법정이 탄생했다. 의회의 권위는 노르웨이 하콘 4세에게 주권을 빼앗기기 전까지 330년간 지속된다. 아이슬란드는 노르웨이 왕가의 왕위 계승자의 혈통이 끊기면서, 노르웨이와 아이슬란드는 덴마크가 주도한 노르딕 국가 연합, 즉 칼마르 동맹의 일부가 된 1380년까지 노르웨이의 속국이었다. 17세기

• 이교도 •

당시 스칸디나비아에는 초기 정착민들은 의식과 희생을 통해 노르드 남신과 여신의 신전을 숭배하고 기도하고 달래는 일이 비일비재했다. 신으로 알려진 것처럼 아이시르는 하늘에서 신들의 요새로 지구, 미드가르드와 연결된 아스가르드 왕국에 살았다. 그들의 요새는 지구의 미드가르드와 무지개 다리, 비프로스트로 연결되어 있었다. 가장 잘 알려진 신들로는 외눈박이 바술, 시, 룬 공예의 신 오딘이 있으며, 오딘은 지혜를 얻기 위해 다른 눈과 거래했고, 발 8개 달린 말을 타고 하늘을 날았다고 알려져 있으며, 천둥과 전쟁의 신이자 신들의 적인 천상의 땅 요툰헤임의 거인들로부터 아스가르드를 지키는 수호자인 오딘의 아들 토르가 있으며, 남성 다산의 신인 프레이와 속임수와 사기의 신 로키가 있다. 여신들도 초기 이교도 숭배에서 두드러졌다. 최고의 여신은 오신의 아내이자 결혼의 여신인 프리그가 있다. 프레이의 누이인 프레이야는 다산과 아름다움과 물질적 소유의 여신으로 출산 중에 자주 언급되었다.

에 절대 군주제가 생겨나면서 아이슬란드는 입법권을 비롯해 덴마크 자치권을 덴마크 왕국에 넘겼다. 이후 의회는 거의 법원의 역할만 수행하다가 1800년에서야 해산되었고, 의회를 대신해 레이캬비크에 새로운 고등법원이 대신 생겨났다.

【 기독교의 도래 】

영국 섬에서 온 기독교 선교사들은 10세기 말 아이슬란드에 도착해 활동을 시작한 것으로 알려져 있다. 기독교와 노르드 이교도 주의가 혼합되어 한동안 존재했으며, 초창기 정착민인 노르드인 헬기 마그리(937~979)는 전투에 참전할 때는 토르를 사용했지만, 자신의 농장은 크리스트네스 또는 크라이스트 반도라고 이름을 짓는데 전혀 거리낌이 없었다. 그러나 시간이 지나면서 고대 노르드 종교 지지자와 기독교 지지자는 서로 사이가 멀어졌고, 1000년이 되자 아이슬란드는 내전의 위기에 처했다. 두 종교의 지도자들은 분쟁의 위험성을 예견하고, 분쟁을 피하고자 노력했다. 결국 뛰어난 지혜로 널리 존경받던 이교도 족장 소르게이르 리오스베트닝가고디가 해결책을 찾는 임무를 맡았다. 그는 3일 동안 그 문제를 고민한 뒤, 아이슬란드는 기독교 국가가 되어야 한다고 선언했다. "만약 우리가

'전투에서 천둥과 전쟁의 노르드 신 토르가 망치를 휘두르다'
19세기 화가 마르텐 에스킬 빙게의 그림

법에 따라 행동한다면, 우리는 평화를 위해 행동할 것이다. 이 나라의 모든 사람은 기독교인이 되어 유일한 하나님, 성부, 성자, 성령을 믿는 것을 우리 법의 근간으로 만들어야 한다." 말고기를 먹거나 유아 유기와 같은 많은 대중적인 이교도 관습은 한동안 계속해서 용인되었다.

【 충돌의 시대 】

아이슬란드는 오랫동안 평화로운 나라였다. 실제로 UN은 아이슬란드를 10년 연속 세계에서 가장 평화로운 나라로 선정했다. 그러나 아이슬란드가 늘 평화로웠던 것은 아니다. 13세기, 주요 부족 사이에 전쟁이 일어났다. 아이슬란드의 적은 인구는 소수의 부족이 대부분의 권력을 장악했다는 것을 의미했으며, 서로 전쟁을 벌인 많은 사람은 친족 관계에 있었다. 알려진 대로, 스투를룽 시대는 당시 가장 강력한 부족을 지칭한다. 당시 아이슬란드에서 유명한 역사가이자 시인이며 작가이자 정치인이었던 스노리 스투를루손은 노르웨이 왕 하콘 4세의 가신이 되었고, 1220년 하콘 4세는 자신을 도와 그가 아이슬란드를 노르웨이의 발밑에 두길 원하자 분쟁이 시작된 것으로 알려져 있다. 그러나 스노리는 실패했고, 이후에 이 일로 목숨을 잃게 된다. 노르웨이 군주제를 도입하려던 그의 시도는 강력한 스투를룽 부족의 격렬한 반대에 부딪혔고, 부족 전쟁이 촉발되어 내전에 가까운 상태에 돌입했다. 스노리의 정성이 부족하다고 생각한 노르웨이 왕은 경쟁 관계인 아이슬란드 부족장들과 동맹 관계를 맺었다. 가장 유명한 부족장으로는 기쉬르 소르발손이 있으며, 그는 1241년에 스노리를 암살했다.

【 주권의 종식 】

당시 부족장들이 노르웨이의 통치를 받아들이면서 분쟁은 끝이 났다. 1262년 "감리 사우트마울리" 또는 옛 약속이라 불리는 협약에 하콘 4세와 아이슬란드 부족장들이 서명했다. 이로써 아이슬란드와 노르웨이는 연맹을 형성했고, 스노리를 암살한 기쉬르 소르발손은 아이슬란드 최초의 백작이 되어, 1268년 사망하기 전까지 귀족 작위를 유지했다.

협약에 따라 아이슬란드 거주민은 노르웨이 국왕에게 세금을 내야 했고, 노르웨이의 법을 따라야 했다. 그 대가로 아이슬란드 선박은 자유 무역권을 획득했다. 아울러 노르웨이 왕은 아이슬란드를 지키는 평화수호자가 되었다. 현지 부족장들이 노르웨이와의 협약을 지지한 주된 이유로 수십 년에 걸친 내전과 소요 사태를 겪은 부족장들은 노르웨이와의 연합이 분쟁을 종식하고 새로운 평화의 시대를 열 기회로 생각했기 때문이라고 주장하는 사람들이 있다.

【 '영국의 세기'와 그 여파 】

아이슬란드에서 15세기는 '영국의 세기'로 종종 불린다. 이 시기에, 영국이 새로운 시장을 찾아서 거대한 상선과 어선들을 보냈다. 영국 상인들은 아이슬란드인들이 처음 보는 다양한 상품들을 가져왔으며, 그중에는 섬유, 연장, 무기, 와인이 있었고, 노르웨이나 덴마크 상인들보다 아이슬란드에 더 유리한 무역 조건도 제시했다. 1412년, 영국에서 온 첫 번째 상선이 아이슬란드에 나타난 것으로 추정되며, 1413년 여름에는 영국 어선 30척이 아이슬란드에 도착했다. 그러나 아이슬란드에 들어오는 영국 어선의 수가 급격히 늘어나면서, 연간 영국에서 100척의 어선과 10척의 상선이 아이슬란드에 들어왔다. 아이슬란드는 당시 군대가 없었고(지금도 군대가 없다), 영국인은 면책권을 가졌다. 1425년, 영국은 덴마크 왕국이 무력으로 교역을 중단시키려 한 혐의로 덴마크 총독을 체포해 영국으로 추방했다. 1467년, 영국은 자국의 교역에 걸림돌이 된다고 판단한 아이슬란드 총독 비오르든 소를락손을 죽였다. 그러나 16세기 초, 영국은 덴마크와 덴마크의 동맹국 독일과의 오랜 전쟁 끝에 결국 아이슬란드에서 물러날 수밖에 없었다. 16세기 후반, 독일 선박이 영국과 자주 무역 분쟁을 벌이던 아이슬란드로 항해를 시작했다. 독일과 영국의 분쟁은 종종 유혈 다툼으로 이어졌다. 덴마크와 덴마크의 동맹국인 독일은 영국이 아이슬란드에서 교역을 포기하게 했고, 영국이 아이슬란드를 떠나자 덴마크의 칼날은 독일을 향했다.

【 종교개혁 】

아이슬란드를 장악한 덴마크 세력은 멀리까지 영향을 미쳤다. 당시 덴마크 왕 크리스티안 3세는 1536년 덴마크 루터교를 설립했으며, 덴마크 주권, 노르웨이, 페로 제도, 아이슬란드에 속한 영토의 거주민은 의무적으로 개종해야 했다. 루터교의 권위에 대한 저항이 거세지자, 덴마크 왕은 폭동을 진압하기 위해 200명이 넘는 병사를 태운 전함을 보냈다. 오그뮌뒤르 팔손 아이슬란드 대주교를 체포해 덴마크로 추방했고, 이후 그는 구류 중 사망했다. 아이슬란드 가톨릭교는 큰 타격을 받았다. 그리고 마지막 가톨릭 주교인 욘 아라손이 전투에서 생포

되어 사망하자 마지막 타격을 입었다.

【 덴마크 통치 】

아이슬란드의 17세기와 18세기는 고난의 시기로 여겨진다. 이제 덴마크는 아이슬란드를 완전히 장악하고 통치하게 되었다. 아이슬란드 지도자들은 덴마크 왕의 강압으로 충성을 맹세했고, 덴마크 총독들은 입헌군주제의 권력을 행사했다. 이 시기에 유럽 상당 지역이 상당한 발전을 거듭하고 있었고, 아이슬란드는 18세기에 흑사병, 기근, 자연재해로 인구가 급격히 줄어들면서, 상황은 걷잡을 수 없이 나빠졌다. 1783년 스카프타렐다르의 거대한 화산 폭발로 아이슬란드 가축의 60% 정도가 죽었고, 용암으로 농지가 상당 부분 파괴되었다. 화산 폭발은 8개월 정도 이어졌고, 지표면에 27km 길이에 달하는 틈이 생기면서

덴마크의 국왕 크리스티안 3세

4억 2천만 톤의 용암이 분출되었다. 그 결과 기근과 질병으로 인해 전체 인구의 20%가 사망했다.

【 의회의 회복 】

19세기 유럽에는 낭만주의와 민족주의 분위기가 팽배했고, 아이슬란드도 별반 다르지 않았다. 독립을 위한 아이슬란드의 염원이 결집되기 시작했고, 덴마크 지배자들은 물러가라는 압력이 거세졌다. 결국 1843년 국왕의 칙령이 발표되면서 아이슬란드 고대 의회를 다시 수립하는 토대가 되었다. 선거가 열렸고, 1845년 7월에는 의회가 아이슬란드의 권력기관으로 부분적으로 복원되었다. 그 후 30년간 의회와 26명의 의원은 덴마크 입헌군주제의 현지 자문기관의 역할을 수행했으며, 덴마크 입헌군주제가 법과 입법에 관한 모든 문제에서 최종 발언권을 갖게 되었다. 1874년 헌법이 제정되어 아이슬란드는 모든 국내 현안에 대해 덴마크 입헌군주제와 공동의 입법 권한을 갖게 되었다. 그러나 덴마크는 여전히 아이슬란드의 행정권을 굳게 쥐고 있었고, 완전한 주권국가를 향한 아이슬란드의 희망은 여전히 실현되지 않았다.

• 욘 시귀르손 •

학자이자, 철학자이며, 서사시의 편집자이자, 아이슬란드 독립운동의 상징적 인물인 욘 시귀르손(1811~1879)이 등장한다. 아이슬란드 독립을 향한 그의 노력은 총 한번 쏘지 않고 결실을 보았다. 사실 그는 총 대신 펜으로 전쟁을 벌였고, 묵묵히 인내하며 목표를 달성했다. 그는 의회를 복원했고, 자유 무역권을 획득했으며, 덴마크 왕으로부터 권력을 이양 받는 데 큰 영향을 미쳤다. 인기가 많아서 아이슬란드 전역에서 그를 지지하는 사람이 많았다. 1944년에 아이슬란드가 공화국이 되자, 시귀르손의 생일인 6월 17일을 아이슬란드 국경일로 선포했다.

【 본국 통치와 그 이후 】

20세기 계속된 발전으로 아이슬란드는 향후 독립의 길을 다졌다. 1904년 본국 통치가 수립되었고, 1918년 국내 투표 결과 아이슬란드는 덴마크 입헌군주제 아래에 주권 왕국이 되었다.

아이슬란드 왕국이 이제 자체 깃발을 사용할 수 있게 되었고, 모든 국내 현안을 완전히 통치할 수 있게 되었다. 그러나 덴마크와의 연합 관계였던 아이슬란드는 계속해서 군대를 창설할 수 없었고, 모든 국제 분쟁에서 중립을 지킬 의무가 있었다. 덴마크가 계속해서 모든 외교 현안에서 아이슬란드를 대표했다.

1902년 엔진 선박이 도입되면서 아이슬란드에 산업 혁명을 일어났고, 그 결과 경제 성장을 촉발했다. 어획량이 3배나 늘었고, 수출도 호황을 이뤘다. 1906년 아이슬란드와 유럽 대륙은 전화로 연결되었고, 1911년에는 레이캬비크에 아이슬란드 최초의 대학이 설립되었다. 수도 레이캬비크는 일자리를 찾는 사람들이 유입되면서 빠르게 팽창했고, 1920년대에는 처음으로 인구가 밀집된 도심에 거주하는 인구가 나머지 지역보다 많아졌다. 아이슬란드의 빙하를 이용한 수력발전소가 지어졌고, 레이캬비크에 전기가 공급되었으며, 뒤이어 다른 큰 도시에도 전기가 공급되기 시작했다.

【 공화국의 탄생 】

대부분의 유럽과는 달리, 아이슬란드의 제2차 세계대전 경험은 나쁘지만은 않았다. 오히려 제2차 세계대전은 경제 성장의

붐과 정치적 독립의 촉매제가 되었다. 제2차 세계대전 당시 중립국을 선언한 아이슬란드는, 처음에는 1940년 아이슬란드가 독일군의 손에 넘어가는 걸 막기 위해 침공한 동맹군에 저항했다. 그러나 수천 명의 영국군, 캐나다군, 이후에 미국군이 아이슬란드의 침체한 경제에 불씨를 댕겼다(한창 때는 3만 명 정도의 미국군이 아이슬란드에 주둔했으며, 이는 당시 아이슬란드 전체 인구의 1/4에 맞먹는 규모였다).

그 결과, 아이슬란드에 일자리가 생겨나고, 케플라비크에 아이슬란드 유일의 국제공항을 비롯해 도로와 기반시설이 구축되었다. 케플라비크 국제공항은 원래 미군 기지로 사용되었다. 제2차 세계대전으로 아이슬란드는 지속적인 경제 성장기에 접어들게 했다. 전쟁은 정치적으로도 큰 영향을 미쳤다. 나치가 덴마크를 점령했고, 아이슬란드 주권에 대한 덴마크 입헌군주제의 주장은 무효가 되었다. 마침내 기회를 포착한 아이슬란드 정부는 자치에 대한 국민 투표를 시행해 자치를 만장일치로 찬성하는 결과가 나왔다. 주민의 98%가 자치에 찬성했고, 1944년 6월 17일 마침내 완전한 독립을 선언했다.

【 북대서양 조약기구 】

전후 아이슬란드의 지리적 위치는 전략적으로 중요해졌지만, 북대서양 조약기구NATO의 가입 결정에 논란이 없진 않았다. 대부분의 아이슬란드 정당은 가입을 찬성했지만 사회당은 가입에 반대했으며, 양 진영의 대립은 폭력적으로 변질되었다. 한 번은 의회 밖에서 시위하던 중 충돌이 일어나 12명이 다치기도 했다. 처음에는 NATO 군대가 아이슬란드에 주둔하지 않았지만, 1951년 한국전쟁이 발발한 이후 미국과 아이슬란드는 협약을 체결했고, 협약에 따라 미국은 남부 지방에 있는 케플라비크의 땅을 공군 기지로 사용하는 대가로 군사적으로 아이슬란드 방어에 완전한 책임을 지기로 했다. 또한 미국은 아이슬란드에 재정 및 외교적 지원을 약속했다. 1948~1951년 기간에 아이슬란드의 인구는 적지만 전후 마셜플랜의 원조를 넉넉히 받았으며, 냉전 시대에는 아이슬란드 GDP의 최대 5%는 NATO에서 나왔다. 그런데도 미군 주둔과 NATO 가입은 여전히 아이슬란드 내에서 논쟁거리였다. 1990년 냉전이 종식되면서, 아이슬란드의 지리적 위치가 가지는 전략적 중요성이 줄어들었고, 2006년 미국은 아이슬란드에서 모든 주둔 병력을 철수시켰다. 아이슬란드는 현재도 NATO 회원국이며, 미군 철

수 이후 어떠한 병력도 현재 주둔하지 않고 있다.

【 대구 전쟁 】

대구 전쟁Icelandic Cod Wars은 아이슬란드의 해역 크기를 놓고 아이슬란드와 NATO 동맹국인 영국 사이에 발생한 여러 차례의 분쟁을 일컫는다. 1958년 아이슬란드가 어획 구역을 4해리(약 7.4km)에서 12해리(22km) 늘리기로 하면서 양국 간의 분쟁이 시작되었다. 이 일로 NATO 회원국은 전원 항의했고, 대서양 자원 확보에 위협으로 판단한 영국은 왕립 해군 전함의 보호 아래 자국의 저인망 어선들은 계속해서 어업 활동을 벌이겠다고 선언했다. 자국 어선들을 보호하려면 53척의 전함이 필요한 영국으로서는 값비싼 결정이었지만, 그만큼 양국이 그 해역의 가치를 높이 평가한다는 점을 보여주었다. NATO는 두 회원국의 분쟁을 중재하려 했고, 아이슬란드 정부는 NATO에 전면 탈퇴로 위협했다. 아이슬란드는 이 협박 카드를 반복해서 휘둘렀으며, 그 결과 큰 효력이 있었다. 아이슬란드의 탈퇴는 당시 북극 지역에서 미국의 전략적 요충지인 케플라비크 미군 기지의 종식을 의미했다. 아이슬란드가 미국에 가진 이 지렛대로 인해 영국은 물러설 수밖에 없었고, 결국 영국은 자국

의 어업권이 제약받는 상황을 받아들였다. 아이슬란드는 1972
년에도 같은 수법을 썼고, 그 결과 조업 해역이 50해리(93km)
로 늘어났다. 자국의 강점을 깨달은 아이슬란드는 1975년에
또다시 대담하게 200해리(370km)로 확장했다. 아이슬란드의 요
구를 들어주지 않으면 NATO에서 탈퇴하겠다고 협박했고, 중
재자로 나선 미국은 그런 불상사를 막기 위해 행동했다. 수산
물 수출이 아이슬란드 경제에서 상당 부분을 차지했기 때문
에, 아이슬란드는 경제적 생존을 위해 싸웠고, 특히 영국을 이
긴 전적은 나이 든 아이슬란드인의 자랑거리로 남아 있다.

코로나 팬데믹

아이슬란드는 고립되고 외딴곳에 있었지만, 중세 시대에 흑
사병이나 1918년 스페인 독감 발발을 피하지 못했던 것처럼,
2020년에도 코로나 바이러스에서 벗어날 수 없었다. 다른 유
럽 국가들과 마찬가지로 2월에 코로나 바이러스의 첫 번째 사
례가 발견되었다. 처음부터 아이슬란드의 대응 방식은 조기 발
견, 감염자 격리, 사회적 거리두기, 불필요한 해외여행 제한 등

이었다. 이러한 대응 법을 통해 2020~2021년 3차례에 걸친 대확산 기간에 바이러스의 확산을 성공적으로 억제할 수 있었고, 감염률과 사망률을 안정적으로 낮게 유지했다. 다른 국가와 마찬가지로, 아이슬란드의 보건 체계가 전례 없는 사태로 과도한 부담을 겪을지 모른다는 우려가 가장 컸지만, 다행히도 그런 사태는 피할 수 있었고, 보건 체계는 대응 가능한 회복력을 입증했다.

가장 중요한 코로나 현황을 전 국민에게 제공하기 위해 아이슬란드의 보건 국장, 유행병 국장, 경찰총장으로 구성된 '3인방'이 TV 일일 브리핑을 진행한다. 2020년 겨울 1차 대확산 기간에 대학은 문을 닫았으나, 초중고는 학급별 인원을 엄격히 제한한 채 계속해서 수업을 진행했다. 거리두기가 불가능한 경우 의무적인 마스크 착용을 요구했다. 접촉자 추적 앱이 출시되어 사람들이 자발적으로 사용했으며, 사용자의 개인정보 보호를 위한 방안도 시행되었다. 그 결과, 접촉자 추적 앱은 높은 사용률을 보였고, 인구 절반에 가까운 사람들이 앱을 다운로드 받아 사용해 세계에서 가장 높은 사용률을 보였다. 아울러 정부는 SNS 등에서 확산하는 '혼란스러운 정보'에 맞서기 위해 전담반을 발족했다. 이에 아이슬란드답게 정치인과 언론인은 정부 검열의 문이 열릴지 모른다는 비난의 포화를 쏟아부었다. 일부 사람들이 예상했듯이, 그런 우려는 실현되지 않았다.

2020년 6월과 7월, 아이슬란드는 40개국 이상에서 온 일반 방문객에게 국경을 다시 개방했다. 비록 방문객 수가 2019년 여름 대비 70~80%로 낮은 수준이었지만, 아이슬란드 경제의 중요 중심축인 관광 산업에 정말 필요했던 생명줄이 되었다.

정부와 정치

아이슬란드는 유럽 국가 중 가장 마지막으로 완전한 독립을 성취했기 때문에, 아이슬란드인은 정치적 의무를 당연하게 여기지 않는다. 경제 및 정치 현안에 관해 시민들의 논쟁이 열띠게 벌어지는 선거철이 되면, 이런 아이슬란드인의 생각이 가장 잘 드러난다.

아이슬란드는 헌정 공화국으로 비례대표제의 다당체제로 운영된다. 입법부인 의회는 4년마다 선출되는 63인의 의원으로 구성된다. 독립적인 사법부는 대법원과 지방법원이 있다. 정

레이캬비크에 있는 아이슬란드 의회 건물

치계의 모습은 다른 북유럽 국가와 비슷하며, 사회민주당, 자유경제당, 사회당과 중앙당이 있다. 인구는 적지만 정치적 합의는 쉽지 않다. 선거에서 절대 다수를 차지한 정당은 없으며, 정부는 항상 2~3개 정당의 연정으로 구성된다. 한때는 당에 대한 충성심을 중요하게 여겼지만 더는 지키지 않으며, 젊은 유권자 사이에는 지지 정당을 바꾸는 일이 많다.

다른 유럽 국가들과 마찬가지로, 아이슬란드의 전통 정당이 가진 독점적인 장악력은 새롭게 소규모 정당이 생겨나면서 사라졌다. 정당 간 분쟁으로 또는 어획량 쿼터제 같은 단일 이

슈에 대해 의견이 갈리면서 완전히 새로운 정당이 생겨난 결과이다. 신생 정당들은 선거에서 한두 번 임기를 지낸 후 더는 살아남는 정당은 거의 없으며, 정당이 해체되면 해당 정당의 정치인들은 기존의 정당으로 돌아가거나 새로운 정당을 찾아 나선다. 다음은 주요 정당 4곳이다.

【 독립당 】

1929년에 결성된 독립당은 전통적으로 아이슬란드의 최대 정당이다. 자유 시장 자본주의와 자유 보수주의를 지지하며, 유럽연합에 회의적이다. 독립 후 수십 년 동안 가장 세력이 강했지만, 최근 들어 세력이 약해졌다.

【 사회민주연맹 】

1999년 여당 독립당에 대항해 뿔뿔이 흩어진 좌파를 통합하기 위해 결성된 사회민주연맹은 사회민주주의적 관점에서 누진세 제도와 넓은 복지 국가와 같이 정부의 경제적, 사회적 개입을 지지한다. EU 가입을 지지하는 유일한 주요 정당이다. 최근 선거에서 사회민주연맹 지지층이 줄어들었다.

【 좌파녹색운동 】

1999년 좌파 사회민주연맹의 결성에 반대한 의원들이 결성한 운동이다. 좌파녹색운동의 입장은 사회민주연맹의 친유럽 입장에 대한 반대를 주요 목적으로 결성되었다. 오늘날 좌파녹색운동은 파시즘, 민주 사회주의, 환경주의, 페미니즘을 지지하며, EU 가입을 반대한다.

【 진보당 】

농민당으로도 알려진 진보자유정당은 1916년 농업 분야를 대표하고 시골 지역의 이익을 쟁취하기 위해 결성되었다. 많은 유권자의 표를 얻을 만큼 인기가 많지는 않지만, 좌파와 우파의 연정에 같이 참여할 때가 많다.

【 대통령 】

아이슬란드의 대통령은 국가수반으로 4년마다 국민 투표를 통해 선출된다. 헌법 제 2조는 입법부의 권한을 의회와 대통령이 나누어 가지도록 규정하고 있지만, 대통령은 의회가 통과한 법안에 서명하는 정도로 권한이 제한적이다. 6명의 대통령 중에서 실제로 법안 거부권을 행사한 대통령은 1명밖에 없

었다. 1996년~2016년까지 다섯
차례 연임한 올라푸르 라그나
르 그림손 대통령은 의회의 법
안에 3번의 거부권을 행사했다.

【EU 가입 문제】

EU 가입에 대한 아이슬란드의
의견은 복잡하다. 대다수의 정

1980년~1996년까지 역임한
비그디스 핀보가도티르 대통령

· 아이슬란드의 첫 여성 대통령 ·

비그디스 핀보가도티르는 1980년 33.3% 득표율로 3명의 남성 후보를 물리치
고 아이슬란드의 첫 번째 여성 대통령으로 당선되었다. 이혼녀이자 싱글맘이
던 그녀는 신예 정치인으로 정치에 입문하기 전에는 레이캬비크 극단의 단장
이었으며, 아이슬란드 국영 TV 채널에서 프랑스어 교육을 진행했다. 핀보가도
티르는 매우 유능하고 인기 많은 국가 수반으로 재선에 3번 더 당선되었다. 16
년간 대통령직을 수행한 그녀는 세계에서 가장 오래 재임한 여성 대통령이다.
그녀의 모토는 "절대 여성을 실망시키지 말자"이다.

당은 EU 가입에 반대하고 있으며, 유일하게 사회민주연맹만 가입을 지지하고 있다. 2008년 금융위기 시절에 집권당이던 사회민주연맹이 EU 가입신청을 결정했다. 그 결정으로 경제 운용을 잘못했다는 책임과 함께 다음 선거에서 사회민주연맹은 실권했으며, EU 가입신청도 즉각 철회했다.

아이슬란드는 EU 회원국은 아니지만 1992년 아이슬란드를 유럽의 단일시장에 편입시킨 유럽경제지역EEA으로 인해, EU에 깊숙이 통합되어 있다. EU 국가에 상품과 서비스를 수출하던 아이슬란드에서 유럽경제지역 가입이 가장 중요한 사안이었다. 이는 아이슬란드의 시민들이 EU 내에서 자유롭게 이동할 자유가 있었으며, EU 국가 어디서든 거주하고, 일하며, 창업하고, 투자하며, 집을 구매할 수 있는 완전한 권리를 가지며, 마찬가지로 EU 시민들도 아이슬란드에서 동등한 권리를 가진다는 것을 의미한다.

전면적인 EU 가입을 지지하는 사람들은 새로운 입법으로 EEA의 공통 규칙이 계속해서 개정되지만, 아이슬란드는 완전한 EU 회원이 아니므로 규칙을 준수할 의무는 있으나 입법과정에는 영향을 미칠 수 없다는 점을 지적한다. 반면에 현 상태를 지지하는 사람들은 EU의 완전한 회원국이 되면, 어획 할

당량과 조업과 같은 규정 면에서 아이슬란드의 필요에 맞지 않는 엄청나게 많은 규정과 규칙을 준수해야 한다는 점을 지적한다.

【추락】

아이슬란드 사람에게 2008년 10월 6일에 어디에 있었는지 물어보면, 그 당시를 기억하고 말해줄 것이다. 당시 아이슬란드는 경제 붕괴의 위기에 처해있을 때로, 당시 총리인 게이르 호르데는 이후 "신이여, 아이슬란드를 축복하소서"로 알려진 연설에서 국가 부도가 임박했음을 경고했다. 미국 투자은행 리먼 브라더스가 추락한 지 두 달 정도 지난 시점이었다. 당시 리먼 브라더스 사태로 세계 경제는 충격에 빠졌다. 단 한 곳만 빼고 모든 아이슬란드 은행이 붕괴했다. 금융 분야의 민영화와 자유화로 수익성이 높던 시절, 은행 자산 규모가 아이슬란드 전체 GDP의 10배에 달하던 2007년까지의 상황을 생각해보면, 아이슬란드 은행 붕괴로 인한 결과를 충분히 이해할 수 있다. 많은 다른 국가에서는 마지못해 은행을 구제했지만, 아이슬란드에서는 은행의 규모가 어마어마하게 컸고 호르데 총리의 말에 따르면, 아이슬란드가 "은행들과 함께 소용돌이에 빨려 들어가는 것을 막기 위해", 은행들이 붕괴하게 내버려 둘 수밖에 없었다.

아이슬란드는 비교적 양호하게 태풍을 견뎌냈고, 아이슬란드 경제는 여러 요인이 복합적으로 작용해 도움을 받았다. 아이슬란드 정부는 모든 국내 예금을 보장했고, 아이슬란드 화폐 크로나의 가파른 가치 하락으로 중요한 수출 시장은 필요한 추진력을 얻었고, 경상수지 흑자를 달성했다.

아이슬란드 경제가 완전한 경제 붕괴 사태에서 가까스로 벗어났지만, 시민들의 분노를 잠재우지는 못했다. 이들의 분노는 주로 은행가들을 향해 터졌다. 의회 조사 결과 대부분 은행가인 총 36명이 경제 붕괴의 책임으로 수감됐다. 아이슬란드 최대 은행 중 한 곳인 카우프싱뱅크의 전 은행장 흐레이다르 마르 시귀르드손은 가장 무거운 5년 6개월 형이 선고되었다. 그렇다고 정치인들도 시민들의 분노에서 벗어날 수는 없었다. 2009년 1월 부주의한 실정으로 대규모 시위가 벌어졌고, 결국 정부는 실각하고 그해 말 선거가 열리기 전까지 임시 정부가 들어섰다.

> ● **함께한 불운** ●
>
> 당시 유행하던 농담이다. "아이슬란드와 아일랜드의 차이점은?" "이름이 한 글자 차이가 나며, 경제 위기가 6개월 차이로 발생했다." 그 당시 이웃 국가인 아일랜드가 겪는 경제 위기를 빗대어서 한 농담이다.

【 추락 후의 정치 상황 】

위기 후 회복기에 효과적이고 강력한 힘을 입증한 국민 정서가 아이슬란드 정치에 계속해서 중요한 역할을 했다. 2016년 시그뮌뒤르 다비드 귄뢰이그손 총리는 정부 관리들이 전 세계 조세 회피처를 널리 사용한다는 사실을 폭로한 탐사 보도 '파나마 페이퍼스'가 공개되면서 사임할 수밖에 없었다. 유출된 문서에서는 총리 부인이 아이슬란드의 몰락한 은행들과 연관된 역외 기업을 소유한 것으로 나타났다. 또한 총리의 부친이 기소된 소아성애자를 사면해야 한다는 서한을 보낸 사실이 스캔들로 터지면서, 뒤이은 연립정부는 대중의 압력에 일 년도 채 되지 않아 무너졌다.

경제

아이슬란드 경제는 자유 시장 자본주의와 정부의 개입과 강력한 복지 국가가 함께 존재한다. 수 세기 동안 자연의 자비에 기대에 생활하던 아이슬란드인들은 기회가 도래하면 반드시 잡았다. '낚시 철 정신(58페이지 참고)'은 현재 가용한 것을 최대한 활용하기 위해 그물을 계속해서 던진다는 것을 의미한다. 아이슬란드의 생명줄인 어획량이 거의 바닥났던 1980년대처럼 물고기가 없어질 때까지 그물을 던졌을지 모른다. 오늘날 아이슬란드는 어종을 보호하고 있으며, 그 결과 어획량이 늘어났다.

에너지 소모가 많은 알루미늄을 생산하거나 특정 관광지의 자연경관을 훼손하면서 관광객의 수를 무한정 늘리기 위해 수로의 힘을 이용하든지, 아이슬란드인은 본능적으로 경제 발전과 생태계에 대한 책임감 사이에 균형을 잡기 힘들다는 점을 알고 있다.

2008년 경제 위기 이후 아이슬란드 경제는 놀라운 회복세를 보였으며, 아이슬란드의 관광 산업이 경제 회복에 큰 도움이 되었다. 오늘날 아이슬란드의 1인당 GDP는 6만 달러가 넘는다. 물가는 비싸며, 유럽에서 근무하는 일수가 가장 많지만, 현지 임금과 생활 수준이 높아 이러한 단점이 충분히 상쇄되고도 남는다고 말하는 사람이 많다. 2020년 코로나 팬데믹 이전 아이슬란드의 경상수지는 흑자였으며, 높은 성장률에 3% 미만의 실업률을 기록했다. 이 책을 집필하던 시점에는 코로나가 아이슬란드 경제에 미치는 장기적인 영향이 명확하지 않았다.

【 관광 】

관광 산업은 2020년 이전에는 아이슬란드의 수출 중심 경제에서 가장 큰 부분을 차지했으며, 국내 총 GDP의 10% 정도를 차지했다. 전성기에는 아이슬란드 전체 고용의 14%를 차지했으며, 관광지로 아이슬란드의 인기는 경제 위기 이후 회복세에 가장 중요한 역할을 했다. 아이슬란드 국내 여행이 상대적으로 비싸지만, 아이슬란드를 찾는 외국인 관광객 수는 매년 증가세를 보였으며, 2008~2018년 사이 관광객 수는 총 380%가 증가했다.

관광객의 성장세는 관광 자원에 큰 부담이 되었고, 현지인과 방문객들은 인기 있는 일부 관광지는 수용 여력을 넘어서 영구 손상될 위기에 처했다고 느꼈다. 따라서 관광지 보존 캠페인이 수차례 진행되었다. 그 결과 인기 있는 남부 지역에 관광객이 집중되는 현상을 줄이기 위해 다른 지역에 있는 공항 2곳으로 비행기 착륙을 분산시키자는 아이디어를 비롯해 다양한 방안이 도출되었다. 또 다른 방안으로는 여름철 성수기에 방문객 수를 줄이자는 극단적인 제안도 있었다.

코로나 팬데믹으로 2020년과 2021년 상당 기간 아이슬란드 관광 산업은 거의 중단 상태에 놓였다. 얼마나 빨리 관광객이 다시 돌아올지, 그리고 관광 산업이 아이슬란드 경제 중심축의 자리를 얼마나 회복할지는 아직 지켜봐야겠지만, 머지않

레이캬비크에서 아이슬란드 어부들이 그날의 어획량을 처리하고 있다.

아 관광 산업이 정상화될 것으로 예상한다. 이 정체기는 일종의 기회이다. 관광이 다시 살아나면, 지속할 수 있게 관광지를 보존하면서 후손을 위해 주요 관광지를 보존할 기회를 얻게 되는 셈이다.

【 어업 】

아이슬란드의 인구는 세계에서 가장 작은 축에 속하지만, 세계 20대 어업 강국이다. 어업과 관련 산업은 아이슬란드 국가 경제에 중요한 부분을 차지하며, 수출의 40%, 고용의 10%를 차지한다. 앞서 말했듯이, 아이슬란드는 지속가능한 어업 방식과 수익성 사이의 균형을 맞추기 위해 오랫동안 노력해왔다. 1960년대와 1970년대 청어와 대구 같은 어종의 남획으로 어류 자원량이 크게 줄어들었으며, 그 결과 정부는 어종마다 허용되는 총 어획량 비율을 제한하는 할당제를 도입했다. 이 방식은 성공을 거두어, 오늘날 아이슬란드에서 잡히는 어종 중에서 남획의 위기에 처한 어종은 없다.

【 산업 】

자연 수로와 지열에서 얻어지는 값싼 에너지가 풍부한 아이슬란드는 알루미늄과 실리콘 생산의 선두주자로, 두 광물을 생산하려면 많은 양의 에너지가 소모된다. 알루미늄 생산은 아이슬란드 수출의 25%를 차지하며, 연간 20억 달러의 외화를 벌어들이고 있다. 댐과 산업용 발전소 건설로 아이슬란드의 아름다운 자연이 훼손되는 것을 우려하는 지역 주민들 사이에서 수력발전 프로젝트가 빙하 강과 환경에 미치는 영향은 논란거리가 되고 있다.

02

가치관과
사고방식

한 나라와 그 나라의 문화적 특징의 일반화는 제한적이며, 당연히 일반화로 인한 위험성이 존재한다. 그러나 아이슬란드에는 공통된 사고방식이 분명히 있다. 노르웨이인, 덴마크인 또는 스웨덴인은 철저한 계획을 더 중요하게 생각하지만, 아이슬란드인은 삶의 불 예측성에 더욱 민감하게 반응한다. 따라서 유연한 자세와 일이 잘 풀릴 거라는 기본적인 낙관주의를 더 높이 평가한다.

한 나라와 그 나라의 문화적 특징의 일반화는 제한적이며, 당연히 일반화로 인한 위험성이 존재한다. 그러나 아이슬란드에는 공통된 사고방식이 분명히 존재한다. 아이슬란드를 방문한 사람은 자신을 초대한 아이슬란드인과 상호 이해를 바탕으로 우정을 쌓고자 한다면, 아이슬란드의 공통적인 사고방식을 이해하면 도움이 될 것이다.

트헤타 레다스트: 다 잘될 거야

매우 보편적인 사고방식은 아이슬란드어 표현, "Thetta Reddast"로 요약된다. 모든 일은 결국 다 잘될 것이라는 강한 믿음을 표현한다. 계획을 많이 세우거나 걱정할 필요 없이 잘될 것이라 믿으며, 상황에 맞게 적응할 준비가 되어야 한다는 것이다. 노르웨이인, 덴마크인 또는 스웨덴인은 철저한 계획을 더 중요하게 생각하지만, 아이슬란드인은 삶의 불예측성에 더욱 민감하게 반응한다. 따라서 유연한 자세와 일이 잘 풀릴 거라는 기본적인 낙관주의를 더 높이 평가한다. 아이슬란드에 산다면 달리 방법이 없지 않은가! 아이슬란드는 안정적이지 않다. 두

지각층이 만나는 지점에 있는 아이슬란드에는 언제라도 터질 수 있는 화산이 30개가 넘는다. 날씨는 종잡을 수 없으며, 알루미늄 가격과 생선 가격과 한해 관광객 수가 아이슬란드의 경제 상황을 거의 전적으로 결정한다. 이러한 요소들은 사람의 통제 밖 상황이며, 코로나 바이러스가 이 점을 다시금 확인시켜 주었다. 불과 몇 십 년 전만 해도 아이슬란드인 대다수는 농민이나 어민으로, 자연과 극단적인 날씨에 의존할 수밖에 없었다. 따라서 불확실성을 인지하고 상황에 적응할 수밖에 없었기 때문에, 인생을 살면서 겪게 되는 우여곡절에 더 유연하고 낙관적인 태도를 보이게 되었다.

완고한 자립심

아이슬란드의 노벨상 수상자 할도르 락스네스는 자필 소설 『독립된 민중』에서 자립심과 자급자족을 아이슬란드 사회의 이상향으로 그렸다. 소설 속의 주인공인 비자투르는 18년간 자유를 얻기 위해 열심히 일한 농부로, 자유를 찾은 뒤에는 외딴 고지의 척박한 환경에서 자유인으로 생존하기 위해 끊임

없이 사투를 벌인다. 그 과정
에서 2명의 아내와 7명의 아
이를 잃게 되지만, 꿈을 잃
지 않는다. 비록 자신과 주
변 사람들에게 해를 끼치지
만, 자유인으로 있는 한 끝
까지 자신의 길을 가겠다는
불굴의 의지와 완고함은 많
은 아이슬란드인이 공감할
수 있는 특징이다. 아이슬란

1955년 아이슬란드 노벨상 수상자
할도르 락스네스

드에서 권위에 반기를 드는 모습은 오래전 노르웨이의 압제를
피해 아이슬란드에 도착한 최초의 노르드 정착민까지 거슬러
올라간다.

아이슬란드가 스스로 통치하기까지 수 세기가 걸렸지만, 국
가와 개인 차원에서 독립이라는 이상향은 항상 중요했으며, 오
늘날에도 여전히 쉽게 찾아볼 수 있다. 정치인에게 허례허식
이 없는 모습을 허용하는 이유도, 시민들이 정치인이 없어도
잘 살 수 있기 때문이다. 또한 아이슬란드인이 비난을 잘 받아
들이지 못하는 이유도 설명한다. 2008년 경제 붕괴 전, 아이슬

란드가 외국 애널리스트와 경제 전문가의 경고를 무시한 것도 이를 잘 드러내는 사례이다. 아이슬란드인들은 "우리보다 어떻게 외부인이 아이슬란드 경제에 무엇이 필요한지 더 잘 알 수가 있어?"라고 생각했다. 아이슬란드 10대 청소년들이 어릴 때부터 일하는 이유와 항상 기회만 되면 아이슬란드인이 자신의 집을 소유하려는 이유를 설명해준다(부지런한 10대와 개인 주택의 중요성에 관해서는 5장을 참고하자).

거리는 멀지만, 이웃 국가에 대한 아이슬란드의 의존성은 쉽게 무시할 수 없다. 그러나 락스네스의 소설을 통해 현대 아이슬란드인에 대해 배울 수 있는 게 있다면, 바로 독립과 끈질긴 고집에는 대가가 따르지만 아이슬란드인은 기꺼이 그 대가를 치를 의지가 있다는 사실이다.

낚시 철 정신: 물 들어올 때 노 저어라

모든 어부가 여러분에게 말하듯이, 낚시 철이 되고 물고기 떼가 나타나면, 그물을 던질 때가 되었다. 그리고 그물을 최대한 많이 던져라. 내일이 되면 너무 늦을 수도 있기 때문이다. 아이슬란드인 사이에는 "낚시 철 정신"이라고 대충 해석할 수 있는 "베르티다르휘가르파르"라는 단어가 있다. 열의에 찬 사람들은 기회가 생기면 최대한 그 기회를 활용하려 하며, 심지어 열의가 너무 지나쳐 계속 성공할 확률에도 피해를 줄 수 있는 상황이 벌어진다.

제2차 세계대전 전까지 아이슬란드는 유럽에서 최빈국 중 하나였다. 해양 공학이 어업 분야를 탈바꿈시키며 물고기를 잡고 수출하는 능력이 향상되었지만, 제1차 세계대전의 대공황 때 아이슬란드 경제는 무릎을 꿇게 되었다. 연합군(아이슬란드 남자 인구의 절반이 넘을 때도 있었다)의 일부로 아이슬란드에 외국 군대가 도착했다는 것은 전쟁이 하늘의 선물과 같았으며, 이런 이유에서 일부 아이슬란드인은 제2차 세계대전을 '축복받은 전쟁'으로 기억한다.

연합군의 유입으로 아이슬란드 경제에 자금이 추가로 유입되었다. 기반시설에 투자한 결과, 아이슬란드의 운명은 빠르게 바뀌었다. 아이슬란드 경제의 발전 속도가 너무 빨라서 따라가기 힘들 정도였으며, 행운이 절정에 달했다고 말하는 사람들도 있다. 선박과 어업 분야에 빠른 투자가 있었다. 앞장에서 말했듯이, 어류 자원량의 지속가능성과 어획으로 인한 고갈이

미치는 폭넓은 사회적 영향은 생각하지 않고 무분별한 어업 관행으로 인해 1960년대와 1970년대까지 아이슬란드는 청어와 대구 어종 대부분이 고갈되었으며, 수십 년이 지난 지금도 그 여파가 미치고 있다.

많은 사람은 아이슬란드 관광 분야의 급속한 확장에서 유사점을 발견했다. 상황을 설명하자면, 아이슬란드의 인구는 처음으로 방문객의 수와 일치했다. 2000년 30만 명의 관광객이 아이슬란드를 다녀갔다. 2010년에는 50만 명으로 증가했고, 이후 10년간 250만 명으로 급격히 증가했다. 코로나 팬데믹이 발생하기 전에 관광으로 인해 아이슬란드에서 가장 인기 있는 자연 유적지와 산책로가 손상되기도 했으며, 역사가 반복되면서 제한 없는 성장을 추구하면서 관광 산업의 미래가 위험하다는 걱정이 생겨났다. 전반적인 경제 침체에도 새로운 호텔은 계속 생겨났으며, 아이슬란드의 계절적 사고방식을 입증하듯 언젠가 텅 비어 있게 될지도 모른다.

양성평등

아이슬란드인은 양성평등을 진지하게 생각하며, 양성평등을 위해 노력한 결과 놀라운 성과를 얻었다. 아이슬란드는 7년 연속 세계경제포럼(다보스포럼)의 양성평등지수에서 1위를 차지했다. 귀드니 요한네손 대통령의 지적처럼, 35만 명밖에 되지 않는 인구를 가진 국가에서 인구의 절반이 일하지 않는 상황은 말이 되지 않는다고 말했다. 취업 연령 여성 중 80% 이상이 일하고 있다. 2018년 1월, 아이슬란드는 똑같은 일을 하는 남성이 여성보다 급여 수준이 높을 때 범죄시 되며, 종업원 수가 25명이 넘는 기업은 급여 수준이 평등 기준에 부합한다는 정부의 인증을 받아야 하는 최초의 국가이다. 대학 졸업자의 66%는 여성이며, 의회 60석 중 절반 정도를 여성이 차지하고 있다. 국가 지원 아동 양육은 권리이며, 부모는 총 9개월의 모성 휴직과 부성 휴직을 신청할 수 있다. 휴직하는 동안 임금의 80%를 받는다. 아버지와 어머니는 각자 3개월씩 휴가를 신청할 수 있으며, 나머지 3개월은 부모가 원하는 대로 나누어서 사용할 수 있다(직장에서의 양성평등에 대한 자세한 사항은 8장을 참고하자).

결혼생활

아이슬란드는 결혼과 가족에 대해 자유분방하다. 아이슬란드인 대부분은 누구와 함께 사는지 또는 사생활이 어떻든지 신경 쓰지 않는다. 가족은 여전히 중요한 기준이 되지만, 결혼제도에 대해서는 중요하게 생각하지 않는 사람들이 많다. 실제로 2018년 아이슬란드에서 태어난 아이 중 70% 이상은 결혼한 부부 사이에서 태어나지 않았으며, 이는 전 세계에서 가장 높은 비율이다. 아이슬란드 여성의 출산율은 꾸준히 하락하고 있으며, 현재 여성 1인당 출산율은 1.7명으로 사상 최저치를 기록하고 있다. 출산을 결심한 여성은 출산을 미루고 있다. 여성의 평균 초산 연령은 28세로, 부모 세대만 하더라도 대부분 여성의 초산 연령은 21세였던 것과 비교하면 초산이 많이 늦춰졌다. 21세기 초에는 결혼한 부부의 3/4 정도가 종교적인 예식을 선택했지만, 오늘날에는 그 수가 절반 정도로 줄어들었다(아이슬란드의 결혼과 가족에 대한 자세한 내용은 5장을 참고하자).

게이 아이슬란드: 아이슬란드의 동성애

아이슬란드는 성과 관련해 개방적인 태도를 자랑스럽게 생각한다. 동성애를 금지한 법은 1942년에 폐지되었다. 아직 완전한 평등에 도달하기까지 가야 할 길이 멀지만, 동성애자가 살기에 편안하고 수용적인 나라로, 결혼할 권리, 양육할 권리, 차별 금지법이 명문화되어 있다. 최근 OECD 연구에 따르면, OECD 국가 중 동성애에 대한 혐오가 가장 적은 나라로 나타났다. 그러나 이렇게 널리 포용되기까지 힘든 투쟁이 없었던 것은 아니다. 1975년 유명한 아이슬란드 가수이자 무대 감독인 회르뒤르 토르파손은 남성 잡지 「사뮤엘」과의 인터뷰에서 커밍아웃을 했고, 그 후 폭풍 같은 비난에 휩싸였다. 그는 신체적 언어적 폭력의 희생자가 되었고, 곧 일을 찾거나 아파트를 임대할 수 없게 되어, 결국 덴마크로 피신했다. 그는 코펜하겐에 있는 자신의 아파트에서 자살하기 일보 직전에 자신과 같은 동성애자들이 겪는 부당함에 맞서 싸우겠다고 결심했다. 하룻밤 새 변화가 일어나지는 않았지만, 대중의 토론에서 그의 유명세와 자부심은 강력한 영향을 미쳤다. 회르뒤르가 동성애자의 권리를 쟁취하기 위해 만든 'Samtökin'78'의 결성은

2019년 레이캬비크의 인기 있는 프라이드 퍼레이드에 참석한 사람들

이정표적인 사건으로 회원들과 지지자들이 늘어나게 되었다.

결국 '동성 커플의 시민결합'이 1996년에 도입되어, 이후 2010년 성별에 상관없는 결혼법으로 대체되었다. 2006년에는 동성 커플이 자녀를 입양할 권리를 획득했으며, 시험관 시술도 가능해졌다. 2015년 아이슬란드 교회는 동성 커플이 교회에서

• 세계 최초의 레즈비언 총리 •

아이슬란드에서는 동성애자의 권리를 위한 투쟁과 사회적으로 널리 포용되기까지 큰 진전이 있었다. 오늘날 각자의 분야에서 성공하고 잘 알려진 LGBTQ 아이슬란드인들이 많다. 노조 활동가로 아이슬란드 최고의 격동기에 세계 최초로 레즈비언 총리가 된 요한나 시귀르 다르도티르가 그중 한 명이다. 1970년대에 정치에 입문한 후, 여당인 사회민주당에서 여러 부처의 장관직을 두루 역임한 그녀는 2009년 아이슬란드를 위협한 경제 위기에 대한 국민의 분노로 당시 총리가 사임하자 임시 총리로 임명되었다. 시귀르다르도티르는 그해 말에 치러진 대선에서 승리하면서 대중이 그녀의 리더십을 받아들인다는 사실이 입증되었다. 재임 중에 동성결혼이 합법화되었고, 2010년에 오랜 파트너이자 소설가인 요니나 레오스도티르와 결혼했다.

결혼할 수 있게 허용했으며, 헌법 제65조는 성적 취향을 근거로 모든 사람에 대한 차별을 금지했다.

레이캬비크 게이 프라이드 축제는 매년 8월마다 개최되며, 전 세계에서 수만 명의 사람이 참여한다. 이 축제는 1999년 1,500명의 참여로 시작된 이후 크게 발전했고, 오늘날에는 6일 동안 다양한 행사를 개최하는 활기 넘치는 축제이다.

민족주의

아이슬란드인은 자국과 자국의 예술가, 고대 서사시와 평화독립 투쟁을 자랑스러워하며, 최근에는 국가대표 축구팀을 자랑스러워한다. 그러나 자랑스러운 마음을 겉으로 드러내지 않으며 이에 관해 토론하는 모습을 볼 수 없을 것이다. 공공장소에서 국기 행렬이 보인다면, 그것은 정치적인 이유가 아닌 스포츠 행사를 축하하는 것일 가능성이 훨씬 크다. 조국에 대한 자부심과 민족주의는 1944년 독립을 쟁취하기까지 오랜 길을 걸어오게 한 중요한 추진력이었다. 그러나 독립을 성취한 뒤, 민족주의 움직임은 거의 사라졌다. 독립 이후 극우 정당

한 여성이 UEFA 유로 2016에서 아이슬란드의 축구 경기를 관람하고 있다.
아이슬란드에서 스포츠 행사는 국민의 자부심을 엿볼 드문 기회이다.

은 극도로 미미한 역할을 했을 뿐이다. 전성기에도 1930년대
와 1940년대에 짧게 지속한 아이슬란드 파시스트 정당은 레이
캬비크 지방 선거에서 2.8%의 득표율을 얻었다. 2016년 아이
슬란드국민전선이 생기면서 선거 결과는 더욱 안 좋았다. 선거
구 2곳에서 불과 0.16%의 득표율밖에 얻지 못했다. 외국인 노
동자가 유입되면서 현대 아이슬란드에서는 민족주의 정서가
증가하고 있다고 말하는 사람도 있지만, 이들의 주장을 뒷받침
할만한 통계나 증거는 없다.

도움의 손길

도움이 필요한 이웃과 함께한다는 것은 모든 아이슬란드인이 기꺼이 받아들일 준비가 된 의무이다. 아이슬란드인의 이런 태도는 역사에서 그 이유를 쉽게 찾을 수 있다. 아이슬란드에 최초의 정착민이 도착한 후, 아이슬란드의 척박한 환경은 이웃과의 관계가 이들의 생사를 결정했다. 가까운 이웃과 지역사회가 서로 도우면서 개인과 사회에 안전망을 제공했다. 아이슬란드의 구조대를 예로 들어보자. 전원 자원봉사자로 구성된 구조대는 고도의 훈련을 받은 대원들로 모든 종류의 자연재해와 인재에 대응할 준비가 되어 있다. 산사태나 눈 폭풍에 갇히거나, 바다에 휩쓸리거나, 크레바스에 떨어지거나, 얼어붙은 황야에서 길을 잃는다고 해도, 상시 대기 중인 4천 명의 자원봉사자로 구성된 100개의 국가구조대가 있다. 추가로 1만 명의 자원봉사자들은 국가구조대의 엄청난 인력 풀을 구성한다. 이처럼 존경받는 구조대는 100% 기부금으로 운영된다. 아이슬란드와 같이 환경이 척박하고, 군대가 없으며, 경찰 수가 제한적인 나라에서 지역사회의 지원은 사치가 아닌 필수이다.

더 넓은 사회에서 비슷한 가치관을 관찰할 수도 있다. 아이

아이슬란드 동부 지역의 예퀼달스헤이디에서
폭설에 갇힌 차량을 꺼내기 위해 구조대 자원봉사자들이 도와주고 있다

슬란드인은 국민건강보험과 유아원에서 대학까지 높은 수준
의 교육을 매우 자랑스러워한다. 인구가 30만 명밖에 되지 않
는 나라치고는 쉽지 않은 성과이며, 모든 국민이 보건과 교육
기본권을 누릴 수 있는 시스템을 구축하는데, 시간이 걸렸다.
국민연금을 통해 67세가 넘는 노인은 기본소득을 보장받아 생
활을 유지할 수 있다.

이교도 르네상스

아이슬란드인 60% 이상이 루터파 교회에 속하지만, 크리스마스 예배나 주일 예배 참석자 수는 적으며, 신도 수는 계속해서 줄어들고 있다. 오늘날 많은 아이슬란드인은 교회 신도 신분을 습관적으로 유지하는 경우가 많다. 이는 아이슬란드인이 영성의 필요성을 느끼지 못해서가 아니라, 교회가 영성을 채워줄 거라고 믿는 사람의 수가 줄어들고 있기 때문이다.

이때 아이슬란드에서 가장 오래되고 현재 가장 빠르게 성장하는 종교가 등장한다. 아이슬란드 초기 바이킹 정착민의 오래된 노르드 이교도주의인 아사트뤼이다. 1000년에 기독교가 국교가 되기 전 아이슬란드의 주된 종교였던 아사트뤼는 1973년 마침내 국가로부터 다시 인정을 받았으며, 아이슬란드에서 기독교를 제외한 가장 큰 종교가 되었다. 오늘날 개종이나 선교 활동을 하지 않는데도 아사트뤼는 어떻게 해마다 더 많은 신자를 확보하게 되었을까? 아사트뤼에는 정해진 교리나 교법이나 공식적인 기도가 없다. 이 사실 하나만으로도 권위에 대한 감정을 자연스럽게 내버려둘 수 있어 많은 아이슬란드 사람들에게 매력적인 요인으로 작용한 것이다.

싱그베들리르에서 아사트뤼 제사장 예르뮌뒤르 잉기 한센

　　아이슬란드의 최대 이교도 단체 아사트뤼아르펠라이이트의
현 제사장인 힐마르 외른 힐마르손에 따르면, 아사트뤼는 '평
화와 존경'의 종교로, 주변 환경과 자신이 조화롭게 사는 방법
을 가르치는 종교이다. 공식적인 신학적 입장은 없지만, 모든

자연 현상에서 신성을 믿는 범신론적 세계관을 종종 신봉한다. 특히 자연환경과 생태계의 건강을 강조하는 이 운동은 오늘날 매력적인 이유가 된다. 전 아사트뤼 지도자인 조나 K. 베르그의 말처럼, "아사트뤼는 범신론적 종교입니다. 땅, 공기, 물은 우리에게 커다란 가치를 줍니다. 우리는 지구에 일부일 뿐 지구의 주인이 아닙니다." 아사트뤼아르펠라이이트의 사회적으로 진보적이며 정치적인 입장도 중요한 역할을 했다. 무엇보다 아사트뤼는 LGBT 권리와 동성애 결혼, 정교분리를 지지한다.

명확히 구분되는 이론이나 방식이 없는 아사트뤼는 연례행사인 '블로트'를 통해 현재 아이슬란드의 공동체를 하나로 모은다. 원래 블로트는 피의 제물 의식으로 구성되었지만, 현대의 아사트뤼는 동물을 제물로 사용하길 거부한다. 대신에 축제에서는 동물의 뿔과 같은 제례 용품을 상징적으로 사용하며, 노르드 시를 암송하고, 음악을 연주하며, 신들의 제단에 포도주를 부으며, 시끌벅적한 축제를 벌인다.

4개의 중요 블로트는 동지에 열리는 욜라블로트, 여름의 첫 번째 날에 열리는 시귀르블로트, 하지에 열리는 쉬마르블로트와 겨울의 첫 번째 날에 열리는 베튀르드나타블로트이다. 아사트뤼 신관들은 명명식, 성인식, 동성애 결혼을 비롯한 결혼과 장례식과 같이 삶에 중요한 통과의례를 진행하며, 인생의 중요한 사건에 의미를 부여하고 싶지만 교회가 불편한 사람들에게 대안이 되고 있다.

03

풍습과 전통

18세기 전까지 아이슬란드는 일 년을 대충 겨울과 여름에 해당하는 '짧은 날들'의 달과 '밤이 없는 날들'의 달로 나뉜 음력을 사용했으며, 달과 축제는 계절의 순환과 연관이 있었다. 아이슬란드 주요 축제는 다른 서양 국가들의 축제를 대체로 따라가며, 그 외에 아이슬란드에 기독교가 정착하기 전 옛 이교도의 축제일을 현대식으로 해석한 축제들이 있다.

아이슬란드가 그레고리력을 항상 사용한 것은 아니다. 18세기 전까지 아이슬란드는 일 년을 대충 겨울과 여름에 해당하는 '짧은 날들'의 달과 '밤이 없는 날들'의 달로 나눈 음력을 사용했으며, 달과 축제는 계절의 순환과 연관이 있었다.

예를 들어 12월 중순에서 1월 중순 사이의 달들은 '지방을 빨아먹는 달'로, 7월 중순에서 8월 중순은 '건초 작업 달'로 불렸다. 전통적인 달력은 이제 사용되지 않지만, 일부 오랜 축제와 잔치를 여전히 기념하고 있다.

아이슬란드의 주요 축제는 다른 서양 국가들의 축제를 대체로 따라가며, 일부 예외로 아이슬란드에 기독교가 정착하기 전 옛 이교도의 축제일을 현대식으로 해석한 축제들이 있다.

축제와 휴일

【 쏘라블로트 】

인기 있는 한겨울 파티인 쏘라블로트는 한때 아이슬란드의 이교도 노르드 신들에게 제물을 받치던 축제였다. 이 축제는 1월 19일이 지나고 첫 번째 금요일에 열린다. 11세기 아이슬란드의 기독교화 기간에는 폐지되었지만, 19세기 후반에 아이슬란드의 고대 의식에서 영감을 얻으려고 한 낭만주의 민족주의 도래로 다시 생겨났다. 쏘라블로트는 레이캬비크의 음식으로 발효시킨 상어, 숫양의 위로 감싼 응고시킨 양의 피, 젖산에 끓이고 보존한 숫양의 고환, 불에 그슬려 삶은 양 머리, 말린 생선, 시큼한 고래 지방처럼 잊힌 지역의 별미를 대접하기 시작한 1960년대에 주류 문화에 편입되기 시작했다. 이제 쏘라블로트는 가장 어둡고 추운 달에 친구와 가족들이 함께 모여 먹고, 마시고, 좋은 시간을 보내는 자리가 되었다. 기관과 기업도 직원들을 위해 쏘라블로트 파티를 준비한다. 가장 많이 마시는 음료인 브레니빈은 '흑사병'으로도 알려져 있으며, 감자와 캐러웨이를 재료로 설탕을 첨가하지 않은 술이다. 알코올 농도가 40%로, 고래 지방을 씻어 내리기 위해 마신다면 천천히 마시자.

【 밸런타인데이 】

나이 든 아이슬란드인은 밸런타인이라는 말에 고개를 내저을지도 모르지만, 2월 14일에 사랑을 표현하는 인기 많은 날로 자리 잡았다. 레스토랑들은 예약이 꽉 차며, 다른 나라와 마찬가지로 커플들은 작은 선물을 주고받는다. 전통적으로 사랑을 표현할 방법을 찾는 사람을 위한 날도 있다. 아이슬란드 음력에서 소르리의 달 첫 번째 날(보통 1월 중순에 시작)을 '남편의 날'로 지정했다. 아이슬란드에서 운이 좋은 남자들은 이 날 아내의 극진한 대접을 받는다. 남편들은 그다음 달인 '고아'의 첫 번째 날인 '아내의 날'에 자신의 헌신적인 모습을 전할 기회가 있다. 오늘날에도 두 날 모두 서로에게 선물과 사랑을 전하며 축하한다.

【 부활절 】

아이슬란드의 부활절은 종교와 상관없이 모든 사람이 5일에 걸쳐 축하하는 연휴이다. 부활절 축제는 국경일인 성 목요일에 시작해, 모든 상점과 공공기관이 문을 닫는다. 일부 레스토랑은 문을 열지만, 미리 식료품을 구매하는 편이 좋다. 성 금요일은 전통적으로 엄숙하게 하루를 보낸다. 이날은 최근까지 축제가 법적으로 금지되어 있었다. 전형적인 권력에 반대하는 시위의 형태로 아이슬란드인들은 매년 법에 반대하는 의미로 다함께 모여 거대한 빙고 게임을 하지만, 지금까지 체포된 사람은 단 한 명도 없다. 오늘날 연극과 미술 전시회 같은 문화 행사에 대해 제한은 없다. 부활절 주말 전통으로는 부활절 달걀 찾기와 일요일 저녁에 전통적인 양고기 만찬이 있다.

월요일은 휴식을 취하며 가족이 함께 시간을 보내는 날이다. 교회에서는 부활절 예배를 드린다. 만약 여러분이 레이캬비크에 머물고 있다면, 도심에서 가까운 할그림스키르캬 교회가 보통 흥미로운 콘서트를 개최하며 구경해볼 만하다. 많은 아이슬란드인은 5일간의 연휴 동안 여행을 떠나며, 인기 있는 활동으로는 스키가 있다.

【 여름기념일 】

4월 18일이 지난 후 첫 번째 목요일은 전통적인 음력에 따라 여름의 시작을 축하하는 공휴일이다. 이날 기록상 최고기온은 13.5°C밖에 되지 않으며, 눈이 내리는 것으로 알려졌지만, 어두운 겨울이 끝나고 낮의 길이가 길어짐을 축하한다. 아이슬란드 주변의 도시들은 퍼레이드를 하며 모든 사람이 즐겁게 시간을 보낼 수 있는 공개 행사를 개최한다. 행사에 참여할 때는 꼭 잊지 말고 따뜻하게 옷을 입자!

【 건국기념일 】

6월 17일은 아이슬란드 건국 기념일이다. 1944년 6월 17일 아이슬란드는 완전한 독립을 선언했으며, 19세기 아이슬란드 독립운동의 핵심 인물인 욘 시귀르손의 탄생일을 국가 탄생일로 선택했다. 레이캬비크에서 이날을 축하하며, 모든 주요 도시에서 콘서트와 퍼레이드, 대중 공연과 아이들을 위한 행사가 개최된다. 또한 이날은 아이슬란드 전통 의상 시오드부닝귀린을 입는 일 년에 몇 번 안 되는 날이다.

아이슬란드의 북부 수도 아퀴레이리에 대학 졸업생들이 건국일 축하 행사에 참석한다.

【 한여름 밤 】

아이슬란드의 여름철에는 독특한 경험을 할 수 있다. 5월 중순부터 밤은 눈을 씻고 찾아봐도 찾을 수 없으며, 해는 온종일 지지 않는다. 한여름 해의 계절이 절정에 도달하는 6월 21일경 하지 이후부터 낮의 길이가 짧아지기 시작한다. 한여름 밤은 6월 24일에 축하한다. 현지에서는 '욘스메사' 불리는 이날은 세례 요한의 탄생일을 기념하기 위한 날로, 종교와 다소 연관되어 있지만 여전히 남아 있다. 그러나 이날은 미신이 가득한 날로 소는 말을 할 수 있는 능력을 얻고, 물개는 인간의 모습을 하고, 한밤중에 이슬을 맞으며 벌거벗은 채 뒹굴면 병을 고칠 수 있다고 전해진다. 한여름 밤은 공휴일은 아니다. 스칸디나비아반도의 이웃 국가들과 달리 모닥불을 피우지는 않지만, 오랫동안 산책하는 전통이 있다.

【 상인의 공휴일 】

아이슬란드에서 상인의 공휴일만큼 열렬히 축하하는 국경일도 없다. 8월 첫째 주 주말에 축하하는 3일에 걸친 공휴일로, 지방 여행을 하면서 여름휴가를 즐기기 위해 사람들이 수도권을 벗어나 대거 이동한다. 많은 지방 도시에서는 음악 축제와 미술 전시회를 개최하고 설치품을 전시하며 가족 단위의 행락객을 위해 다양한 행사를 개최한다. 아퀴레이리와 레이캬비크 같은 곳에서 열리는 큰 규모의 축제들은 입장권을 구매해야 들어갈 수 있으며, 수천 명이 파티에 참석해 상당히 성황을 이룬다. 가장 큰 축제는 베스트만 제도에서 열리는 국가 축제, 쓰요드하우티드로 1만 8천 명의 사람들이 찾는다. 특히 축제가 열리는 주말에는 청소년들의 음주, 마약, 음란 행위로 유명하다. 과거에는 신문 머리기사에 음란한 행동이 정기적으로 보도되며, 당국의 골칫거리였다. 그러나 오늘날 분위기가 많이 건전해졌고, 더는 부모들이 밤잠을 설치며 걱정하지 않아도 된다.

【 크리스마스 】

아이슬란드의 12월은 정말로 캄캄한 달이다. 그러나 눈과 축제 장식과 밤하늘에 펼쳐진 북극광을 볼 수 있는 연중 가장 특별한 때이다. 아이슬란드의 크리스마스는 12월 24일에 시작하지만, 전통적으로 축제는 12월 11일에 시작한다. 그날 대부분 가족은 크리스마스 트리를 장식하고, 저녁에 아이들이 창가에 신발을 두면 신화에 나오는 크리스마스 장난꾸러기인 율라드들이 신발에 사탕이나 작은 선물로 채운다고 믿었다(나쁜

아이슬란드의 전설적인 크리스마스 고양이 율라쾨튀린이 크리스마스 전날에 새 옷을 안 입은 아이들을 잡아먹으러 돌아다닌다는 전설이 있다.

아이슬란드 아쿠레이리에 있는 율 라드의 귀신 부모인 그릴라와 렙바루디 동상. 말썽쟁이들아, 조심해!

아이는 감자를 받게 된다!). 도어 슬래머(문을 쾅쾅 닫는 장난꾸러기-옮긴이)와 스푼 리커(스푼을 훔치는 장난꾸러기-옮긴이)와 같은 이름을 가진 13명의 율 라드가 밤마다 한 명씩 마을에 나타나 주민들을 괴롭힌다는 전설이 있다. 아이슬란드의 전통적인 12월 축제는 기독교가 유입되기 전으로 거슬러 올라간다. 역사적으로 연중 낮의 길이가 가장 짧고 가장 어두운 12월 21일에 열리는 이교도 크리스마스인 '율'은 태양이 하루 4시간밖에 비치지 않던 동지가 지난 후 낮의 길이가 길어지는 것을 기념했다. 오늘날 다른 곳과 마찬가지로 크리스마스 축제는 가족을 중심으로 이루어지며, 축제 분위기는 1월까지 계속된다.

▶ 토르락 예배

아이슬란드의 수호성인 성 토르락 예배는 12월 23일에 열린다. 이날에는 대부분 가족이 집 안을 깨끗이 청소하고, 냄새가 강한 암모니아로 발효한 스케이트 피쉬와 감자를 곁들인 전통 음식을 먹는다. 이날은 쇼핑의 날로, 사람들은 크리스마스 직전에 선물을 급하게 사들인다. 따라서 많은 상점은 자정까지도 영업한다.

▶ 크리스마스 이브

아이슬란드에서는 크리스마스 전날에 성찬을 즐긴다. 상점들은 일찍 문을 닫으며, 레스토랑은 몇 주 전부터 예약이 찬다. 따라서 일정을 사전에 계획하는 것이 좋다. 친지들은 크리스마스 전날 저녁에 모여 전통적으로 스모크 양고기와 채소를 곁들인 크리스마스 성찬을 즐긴다. 식사가 끝나면, 선물을 주고받은 다음 선물을 뜯어보고 나서, 자정 미사를 드리는 사람도 있다.

▶ 크리스마스

이날은 보통 가족과 친구들이 모여 휴식을 취하며, 맛있는 음식을 먹고 즐거운 축제 분위기를 느끼는 날이다. 크리스마스날 중요한 식사는 점심 식사로 전통적으로 양다리 로스트나 사냥한 새고기를 먹는다. 또 다른 전통적인 크리스마스 음식으로는 '리프 브레드'라 불리는 납작하고 얇으며 바싹거리는 눈꽃처럼 생긴 빵이 있다. 보통 집에서 리프 브레드를 만들며 온 가족이 함께 리프 브레드의 모양을 만든다. 고유의 리프 브레드 문양을 가지고 있는 가정도 있다.

아이슬란드의 전통적인 크리스마스 음식인 리프 브레드 장식하기

▶ 크리스마스의 마지막 날

아이슬란드에서 1월 6일은 크리스마스의 마지막 날로 크리스마스 13일의 날로 알려져 있다. 거대한 가족 성찬을 하며, 모닥불을 피워 크리스마스와 작별 인사를 한다. 이날 밤에는 초자연적인 힘이 있다고 여겨진다. 이날 밤에 트롤과 엘프가 이사를 하며, 물개는 인간의 형상을 하고, 소는 또다시 말을 할 수 있는 능력을 얻게 된다고 믿는다(하지 때와는 달리 소는 한 시간밖에 말을 하지 못한다). 아이들의 양초(식용 수지로 만들어진 다음)를 훔치기 위해 아이들을 따라다니는 것으로 알려진 마지막 율 라드인 캔들 스틸러(양초를 훔치는 장난꾸러기-옮긴이)가 떠나는 날이기도 하다. 캔들 스틸러는 아이슬란드인 사이에서 가장 인기가

많은 율 라드이다.

【 새해 전날 】

아이슬란드의 새해 전날은 오후 6시에 가족과 친구와 함께
식사하는 축하연이 시작된다. 식사가 끝난 후, 사람들은 이
웃과 친구와 함께 지역의 모닥불 주변에 모인다. 모닥불이 끝
나면 저녁 9시쯤 되며, 거리는 일 년에 한 번 하는 새해의
'Aramotaskaup'라는 TV 코미디 쇼를 시청하러 사람들이 집으
로 돌아가버려 텅 비게 된다. 주로 풍자로 구성된 이 프로그램
은 정치인 및 잘 알려진 인물들을 조롱하며, 영어로 자막이 제

새해 모닥불, 레이캬비크

공되어 아이슬란드를 방문한 사람들도 아이슬란드인의 90%가 시청하는 이 프로그램을 함께 즐길 수 있다. 자정이 가까워

• 공휴일 •

새해 첫날   1월 1일

성 목요일   부활절 전 목요일

부활절   보통 4월로 성 금요일, 부활절 주일, 부활절 월요일을 포함한다

여름기념일   4월 19일에서 4월 25일 사이 목요일

노동절   5월 1일

주님 승천 대축일   부활절 주일로부터 40일째 되는 목요일

오순절   주님 승천 대축일로부터 10일째 되는 날

오순절 월요일   오순절 다음날

건국기념일   6월 17일

은행 휴일 월요일   8월 첫 번째 월요일

크리스마스 전날   12월 24일

크리스마스   12월 25일

박싱 데이   12월 26일

새해 전날   12월 31일

지면, 사람들은 거리로 나와 여러 시간 동안 불꽃놀이와 여러 부대행사를 즐긴다. 일부 집으로 돌아가는 사람도 있지만, 많은 사람은 하우스 파티나 술집으로 몰려가 새벽까지 축제를 즐긴다.

통과의례 / 생애 행사

앞서 설명했듯이 아이슬란드는 오늘날 매우 비종교적인 국가이지만 전 국민의 60%는 여전히 개신교 루터파 교회 신자이다. 따라서 교회는 중요한 생애 행사의 기본 틀을 제공하며, 행사에 참여하는 사람들조차도 이런 행사의 근간이 되는 종교를 반드시 믿는다고는 할 수 없다.

【 세례식과 명명식 】

아기가 태어난 지 한 달이 되면 보통 세례식을 하며, 이날 부모는 아기의 이름을 공개한다. 세례식은 즐거운 행사로 세례식이 끝나면 일반적으로 친지들과 함께 세례 성찬을 함께 한다. 그러나 오늘날 전통적인 세례식 대신 비종교적인 '이름짓기 파티'를 선호하는 부모들이 늘어나고 있다. 독특하게도 아이슬란드의 이름은 아이슬란드 명명위원회가 승인한 이름 데이터베이스에서 선택해야 하며, 이는 새로운 비 아이슬란드 이름이 유입되지 못하게 막는 목적이 있다. 이름은 반드시 아이슬란드 문자를 사용해야 하며, 아이슬란드어의 문법 구조에 맞아야 하며, 아이슬란드의 전통적인 선례를 따랐다는 사실을 입증해야 한다. 이름을 짓는 방식이 논란이 없는 것은 아니다. 최근 아이슬란드에 거주하는 외국인 수가 늘어나면서 제약을 없애야 한다고 요구하는 목소리가 높아지면서 논쟁은 더욱 심화하고 있다. 의원들이 명명위원회를 없애려고 여러 번 시도했지만, 관련 규정은 아직도 남아 있다.

오늘날 아이슬란드에서 여성에게 인기 있는 이름으로는 구드룬, 안나, 크리스틴이 있으며, 남성 이름으로는 욘, 시귀르뒤르, 그뷔드뮌뒤르가 가장 흔한 이름이다. 아이슬란드에서 성은 보통 사용하지 않는다. 그 대신 아버지의 이름에 아들이나 딸을 의미하는 접두사 손(son, 아들)이나 도티르(dottir, 딸)를 자주 붙여서 사용한다. 예를 들어 시귀르뒤르의 딸은 크리스틴 시귀르뒤르도티르라 부를 수 있다.

【 견진 성사 】

견진 성사는 하나님과의 관계와 기독교 신앙과의 관계를 강화하고 심화하기 위한 의식으로, 세례를 확인하기 위한 목적으로 사용된다. 전통적으로 세례 받은 모든 어린이는 14세가 되면 견진 성사를 받게 되며, 보통은 교회의 전통과 교리를 배운 후 진행한다. 이 행사는 가족에게 즐거운 행사로 견진 성사가 마치면 가족 파티가 이어지며, 이때 어린이는 참석한 가족들로부터 선물을 받는다.

비종교적인 대안이 점차 인기를 끌고 있다. '아이슬란드 시민 확약 프로그램'이라 불리는 이 대안은 11주 교육과정으로 구성되며 윤리, 비판적 사고, 인생의 의미 등과 같은 주제에 관한 토론이 진행된다.

【 졸업 】

과거에는 아이슬란드에서 교육은 소수의 부유층만을 위한 특권이었다. 그러나 이제 전 국민이 교육받을 권리를 누리고 있다. 중등교육(미국의 고등학교에 해당)을 마친 학생들은 비슷한 의상을 입고 학업의 끝을 자축한다. 교사와 함께 아침 식사나 점심 식사를 함께하며, 노래를 부르고, 선물과 카드를 주고받는다. 교장 선생님이 연설을 통해 학생들이 힘들게 성취한 결과를 축하하며, 그들의 앞에 놓인 미래를 위해 영감을 주고자 한다. 교장 선생님의 연설이 끝나면 재미있는 시간이 시작된다. 학생들은 의상을 입은 채, 볼링, 아이스 스케이트, 레이저 태그와 같은 활동을 하며 즐겁게 오후를 보내기 위해 도시 중심으로 몰려나온다. 많은 학생은 저녁을 먹고 밤까지 축하를 이어간다. 이 전통은 '해방'이라고 불리며, 이날을 생애 최고의 날로 기억하는 사람들도 있다.

【 결혼 】

결혼을 뜻하는 아이슬란드 단어는 '브루드쾨이프'로 '신부를 산다'라는 뜻이다. 정말 로맨틱하지 않은가? 과거에는 결혼이 가문을 연결하는 방법이자 생존의 수단이었고, 그렇다 보니 일반적으로 본인의 선택으로 결혼한 것이 아니었고, 신랑과 신부가 결혼식 날 처음 만나는 일도 드물지 않았다.

도축의 계절이 끝나서 음식이 풍부하고 이동이 가능한 날씨인 8월에 자주 결혼식이 있었다. 신부의 아버지가 말의 고삐를 쥐고 있고, 신부는 말을 탄 채 결혼식장에 도착하며, 신랑도 말을 타고 등장했다. 전통적으로 남녀는 따로 결혼을 축하하며,

축하연이 끝날 때, 신랑의 손님은 장난으로 신부의 처녀성을 두고 가격 흥정을 했다. '구애자'를 선택하는 일을 하는 신부 측 들러리는 신부를 위해 특별한 선물을 준비한 신랑을 선택한다. '아침 선물'이라 불리는 오랜 전통은 아직도 지켜지고 있으며, 신랑과 신부는 결혼한 다음 날 아침에 선물을 주고받는다. 축하연은 결혼식이 끝난 뒤에도 여러 날 동안 계속된다.

야외 결혼의 인기가 많아졌지만, 오늘날 대부분은 교회에서 결혼하며, 30분에서 길어야 1시간 걸린다. 어떤 결혼식은

아이슬란드는 데스티네이션 웨딩(휴양지 웨딩)의 인기 장소로, 그 이유를 충분히 알 수 있다.

교회 안 좌석이 성별로 나누어져 있어, 남성은 신랑 측에 앉고 여성은 신부 측에 앉는다. 신랑과 신부의 어머니들은 입구에서 하객들을 맞이하며, 모든 하객이 도착하면 신부 아버지는 신부를 데리고 통로를 지나 신랑과 신랑 측 들러리에게 간다. 신랑 측 들러리는 주로 신랑의 아버지가 맡는다. 짧게 예식을 하고, 신랑과 신부가 혼인 서약을 하고 반지를 교환하기 전에 곡이 연주될 수도 있으며, 이렇게 예식은 끝난다.

축하연은 다양하다. 밤새 음악이 연주되며, 먹고 마시며, 춤을 출 수도 있고, 이보다는 짧게 관례상 연설만 하고, 커피와 케이크만 준비될 수도 있다. 대부분 마지팬(아몬드와 설탕으로 만든 반죽)과 여러 층으로 된 스펀지케이크인 크란세카케 케이크가 준비된다. 조각 케이크로 준비될 수도 있고, 또는 사람들이 손으로 직접 조각을 부실 수도 있지만, 먹는 방식이 어떻든 모두 크란세카케 케이크를 즐기며, 특히 케이크 안에 와인 병이 숨겨져 있다면 더욱 즐거워한다.

04

친구 사귀기

아이슬란드 친구들은 현실적이며, 솔직하고, 호기심이 많으며, 정말 신뢰할 수 있고, 우정을 높이 평가한다. 그러므로 우정을 쌓는 데 시간이 오래 걸린다. 이처럼 친구 사귀기에 호의적이지 않은 자연환경에서 수 세기 동안 생존하기 위해 힘든 시기에 의지할 수 있는 친구와의 강력한 네트워크에 의존해왔다.

아이슬란드인은 솔직하고 느긋하지만, 겉에 보이는 모습 이상을 알기 힘들 수 있다. 아이슬란드인을 묘사할 때 '딱딱하다'라는 단어를 쓰며, 아이슬란드인은 낯선 사람과의 대화를 즐기지 않는다. 길고 더운 여름과 푸른 하늘이 남부 유럽인들의 외향적이고 괴팍한 행동에 영향을 미친 것처럼, 아이슬란드의 길고 어둡고 추운 겨울도 아이슬란드인의 냉정함과 겉보기에 관통할 수 없을 것 같은 모습에도 영향을 미쳤다. 그렇다고 해서 친구를 사귈 수 없다는 건 아니다. 아이슬란드인과의 우정은 꽁꽁 얼어붙은 화산 빙하 위를 등산하는 것과 같다. 시간이 걸리지만, 충분히 올라가볼 가치가 있다.

아이슬란드 친구들은 현실적이며, 솔직하고, 호기심이 많으며, 정말 신뢰할 수 있고, 우정을 높이 평가한다. 그러므로 우정을 쌓는 데 시간이 오래 걸린다. 이처럼 친구 사귀기에 호의적이지 않은 아이슬란드의 자연환경에서, 수 세기 동안 생존하기 위해 힘든 시기에 의지할 수 있는 친구와의 강력한 네트워크에 의존해왔다.

오늘날은 영어가 널리 통용되기 때문에 아이슬란드 사람들과 친해지려면 반드시 아이슬란드어로 대화할 필요가 없다. 아이슬란드어 단어나 표현을 알고 있다면 도움은 될 것이다(209

페이지 참고). 대화를 시작하고 관계를 처음 형성할 때 참을성이 있다면 도움이 될 것이다.

친해지기

대부분 아이슬란드인의 사회모임은 어릴 때 형성되며, 이렇게 형성된 그룹은 평생 간다. 대학과 직장에서 친구를 사귀지만, 그 밖의 환경에서 친구를 사귀기 어려울 수 있다. 아이슬란드에서 조금 길게 지낼 계획이라면, 사람들이 모여 공통의 관심사나 취미 활동을 하는 단체나 동호회야말로 현지인을 만날 수 있는 최고의 자리다. 환경이 어떻든 낯선 분위기를 깨고 대화를 시작하려면 몇 가지 기억할 사항이 있다.

　게르만족의 후손인 대부분의 아이슬란드인은 감정 표현에 낯설다. 그러나 일단 우정이 생기면 달라지며, 그전까지는 공통의 취미, 문화, 여행 경험, 시사, 스포츠와 같은 가볍고 일반적인 주제에 관한 대화를 선호한다. 전 국민이 좋아하는 핸드볼에 흥미가 생기면 큰 도움이 될 것이다!

　아이슬란드인은 실제로 대화에 능숙하며 타인과 생각과 의

레이캬비크에서 화창한 날 사람들이 친목을 나누고 있다.

견을 나누길 상당히 좋아한다. 다른 사람이 대화를 먼저 시작하길 기다리지 말자. 그러면 정말 오래 기다려야 할지 모른다. 겨울철에는 아늑한 커피숍이 바깥의 추위와 어둠으로부터 피난처를 원하는 현지인들 사이에 인기가 많으며, 레이캬비크에는 선택의 폭이 넓다. 한두 곳의 단골손님이 되면 머지않아 다른 현지인들을 만나게 될 것이다.

바, 음악 콘서트, 클럽에 저녁에 방문하면 가장 활발한 모습의 아이슬란드인들을 발견하게 될 것이다. 물론 술을 얼마나 마셨냐에 따라 다르겠지만, 좋은 분위기에 진심 어린 미소를 띠고 자유롭게 대화가 흐를 것이다. 전반적으로 아이슬란드인은 친목을 상당히 편안하게 느끼므로, 약간만 다가서면 큰 차이를 경험하게 될 것이다.

환대

【집으로 초대】

아이슬란드인은 저녁 식사에 친구를 집으로 초대하길 좋아하며, 외식보다 더 좋아한다. 주로 금요일이나 토요일에 집으로 초대하며, 일반적으로 주중에는 사교활동을 최소한으로 유지하며, 일요일은 가족과 시간을 자주 보낸다. 초대한 시간보다 30분 정도 늦게 도착하는 게 일반적이며, 시간을 정확하게 지킨다고 칭찬하지 않는다. 당연히 일찍 온다고 좋아하지도 않는다. 와인과 같은 선물을 주면 늘 기분 좋게 받지만, 그렇다고 선물을 기대하는 건 아니다. 아이슬란드인의 가정을 방문할 때 집에 들어가기 전에 반드시 기억해야 할 가장 중요한 (어쩌면 유일한) 예절은 신발을 벗는 것이다.

　다음 장에서 논의하겠지만 아이슬란드인은 집안의 청결을 특히 중요하게 생각하며, 신발을 신은 채 상대방의 집에 들어

가는 행동은 상대방을 무시하는 행동으로 여겨진다.

집에 들어가면 사람들을 환영하는 방식은 서로 얼마나 가까운지에 따라 다르다. 인사를 하면서 힘차게 악수하고 눈을 지그시 바라보는 것이 일반적이며, 이는 남녀 구분 없이 절대 실패하지 않는 방법이다. 그러나 친구들 사이에 포옹이나, 여성들 사이에 볼에 뽀뽀하거나, 이성 간에 볼에 하는 뽀뽀도 일반적이다. 여러분을 초대한 집 주인의 눈치를 본 다음, 확신이 들지 않으며 힘찬 악수가 항상 좋다. 음식의 경우, 집주인이 여러분에게 음식을 제공하거나 사람들이 원하는 음식을 자유롭게 가져다 먹을 수 있는 테이블이 있을 것이다. 음식은 항상 풍부할 것이며, 두 접시를 먹어도 괜찮다.

식사를 마친 다음 대화를 나누기 위해 손님들이 남아 있는 모습은 흔하며, 서둘러서 자리를 뜨지 않는다. 떠날 때가 되면, 한 번 더 악수하면서 포옹과 뽀뽀 또는 그 둘을 함께 하기도 한다. 'Goodbye'에 해당하는 단어는 'Bless'이며, 이 인사에 대한 답은 "Bless bless"와 '다음에 봐!'를 의미하는 "샤우윔스트!"가 있다.

외출

트헤타 레다스트('다 잘될 거야'라는 뜻)라는 변하지 않는 태도는 사전에 계획을 세우기 힘들 수 있다는 것을 의미한다. 항상 상황이 닥쳤을 때 확인하는 것이 최선이다. 구두상 한 약속은 확정된 것이 아니라고 생각한다. 친구와 만나면, 약속된 시간보다 15분에서 30분 늦게 도착하는 것이 일반적이므로, 상대방이 약속에 늦거나, 늦게 도착한 뒤에 사과하지 않더라도 기분 나빠하진 말자. 아이슬란드에서는 일반적이다.

사교활동을 즐기기에 가장 인기 있는 시간은 주말로 사람들은 식사나 술을 함께 마시거나 음악을 즐긴다. 크기에 비해 레이캬비크에는 인기 있는 바와 클럽이 많으며, 대부분은 즐겁게 지내기에 최적의 장소인 라우가베구르 쇼핑 거리 주변에 집중되어 있다. 입장료는 거의 받지 않으며, 복장 규정이 있는 몇몇 일부 장소를 제외하고 대부분은 편안한 복장으로 입장하며, 기다리는 줄도 짧다. 술값이 비싸서 외출하기 전에 친구 집에 모이는 걸 선호하는 사람들도 있다. 일단 밖에 나가면 다양한 장르와 분위기를 즐기면서 장소를 이동하는 일이 흔하다. 주말에는 대부분의 자정까지 운영하며, 체력이 좋은 사람들을 위해 새벽 5시까지 문을 열기도 한다. 주중 저녁에는 새벽 1시에 문을 닫기 시작한다.

라우가베구르 거리 주변에 좋은 레스토랑도 있다. 금요일과 토요일에는 밖에서 시간을 보내는 인기 많고 시간이 있는 사람들은 목요일과 토요일을 '작은 토요일'처럼 시간을 보내기도 한다. 술값을 계산할 때는 각자 비용을 낸다.

데이트

아이슬란드의 데이트 문화를 설명해 달라는 부탁을 받은 필자의 아내는 비원주민 아이슬란드인으로 "밤에는 섹스, 아침에는 커피"라고 간단히 설명했다. 위도 53°인 나라의 연애 관습을 다소 지나치게 간단하게 표현했다. 하지만 아이슬란드에서 이러한 문제에 대한 태도가 다른 많은 문제에 대한 태도처럼 격식 없게 받아들이는 모습을 보여준다.

많은 아이슬란드인은 '데이트'라는 개념을 일종의 의식처럼 느끼며, 로맨틱한 파트너를 만나려는 인기 있거나 흔한 방식은 피하려 한다. 만약 마음에 드는 사람을 만난다면 기본적인 예절 외에는 딱히 알아야 할 예절은 없다. 정해진 규칙이 없다고 말하면 파트너의 의중을 읽기 힘들어하는 사람이 있다. 소통할 때는 솔직한 모습이 중요하며, 상대방도 솔직한 모습을 기대한다. 섹스에 대해서는 편안하게 생각하며, 성적 관계에서는 의도를 은근히 비출 필요가 없다. 아이슬란드 남성은 칭찬을 잘 하지는 않지만 술을 한두 잔 마시면 칭찬을 하려 할 것이며, 여성이 좋은 상대를 만나려고 여기저기 다니거나 먼저 이성에게 다가간다고 나쁘게 보지 않는다. 다른 나라와 마찬가지로 '틴더'와 같은 핸드폰 앱이 인기가 많으며 데이트 상대를 만날 수 있는 쉬운 방법이다. 단, 만남을 '데이트'라고 부르지는 말자!

클럽과 동호회

앞서 설명한 대로, 아이슬란드인은 친구를 급하게 사귀진 않는다. 관광객이 많다 보니 현지인이 방문객과 우정을 쌓는 일을 과거처럼 매력적으로 생각하지 않는다는 점을 충분히 이해해야 한다. 불과 며칠 있다가 떠날 사람과 친구가 된다는 게

무슨 의미가 있을까? 그러나 아이슬란드에 중장기적으로 체류할 사람이 이 문제를 해결하고 현지인의 삶에 들어가려면, 수많은 취미동호회나 운동동호회에 가입하는 것도 하나의 방법이다.

특히 인기 있는 방법은 합창단에 가입하는 것인데, 레이캬비크에만 해도 수십 개의 합창단이 있다. 교회성가대, 대학합창단, 학교 합창단, 여성 합창단, 남성 합창단, 혼성 합창단 등 합창단은 많으며, 정기적으로 사람들을 만날 수 있는 즐거운 방법으로 강력히 추천한다. 아이슬란드어를 연습할 수 있는 시간도 될 것이다. 일상에 아이슬란드어 수업을 추가하는 것도 새로운 사람들을 만날 방법이 된다. 이들 대부분은 귀국해서 새로 친구를 사귀길 원하는 사람들이다. 또한 이러한 방법은 그 나라의 생활과 문화에 참여하려는 의지가 진심이라고 현지인들이 생각하기 때문에 긍정적으로 받아들인다.

그 외에도 보드게임, 재봉, 수영, 축구, 핸드볼, 승마 등 사람들이 어울려 친목을 다지는 취미클럽이나 동호회가 많다. 페이스북은 동호회를 검색해 가입할 수 있어 유용하다.

05

일상생활

일반적으로 아이슬란드인은 매우 높은 삶의 질을 누린다. 물론 평균 이상의 생활비에 근무
시간이 긴 편이다. 하지만 아이슬란드는 OECD 기준으로 삶의 질이 높은 것으로 나온다. 그
이유는 쉽게 간단하다. 깨끗한 환경과 수려한 자연경관으로 야외 레크리에이션과 운동을 할
기회가 풍부하기 때문이다.

일반적으로 아이슬란드인은 매우 높은 삶의 질을 누린다. 평균 이상의 생활비에 근무시간이 긴 편이지만, 아이슬란드는 OECD 기준으로 삶의 질이 높은 수준으로 측정된다. 그 이유는 쉽게 알 수 있다. 깨끗한 환경과 수려한 자연경관으로 야외 레크리에이션과 운동을 할 기회가 풍부하다. 천연광천수가 수도꼭지에서 쏟아져 나오며, 아이슬란드의 지열수 덕분에 대부분의 가정은 낮은 가격에 재생 가능한 에너지원을 난방으로 사용한다. 탄탄한 복지와 사회지원제도는 국민이 필요한 경우 기댈 수 있는 사회안전망을 제공한다. 범죄율이 특히 낮은 아이슬란드는 거주하기에 매우 안전하며, 아이슬란드 어린이는 서유럽의 어린이들보다 더 높은 수준의 자유를 누리며 책임감을 느낀다.

주택

아이슬란드는 독립 의지가 있고 자립의 가치를 알기 때문에 대다수의 아이슬란드인이 주택 소유를 원한다는 사실은 놀랍지 않다. 오늘날 주택 소유율은 80%로 세계에서 가장 높다.

아이슬란드 스티키스홀무르 마을 서쪽 지역의 집들

2008년 세계 경제 위기로 아이슬란드의 화폐 가치가 하락하면서, 주택담보대출 상환이 불가능해지자 일부 주택이 압류되었다. 그러나 경제 위기 이후 경제는 빠르게 회복되었으며, 주택시장을 비롯해 비즈니스가 정상적으로 재개되기까지 오래걸리지 않았다. 오늘날 집값 상승으로 저소득층과 30세 미만의 청년층은 주택을 살 수 없게 되자, 적당하고 저렴한 임대주택 부족 현상이 논쟁거리가 되었다. 정부가 지원하는 사회적

주택을 늘리자는 목소리가 있지만, 대부분은 주택을 살 수 있다면 주택을 소유하려 할 것이다.

아이슬란드 주택의 물질적인 기준은 높다. 환경적인 요인으로 인해 여름철 저녁에 햇볕을 차단하는 등 좋은 단열과 계절에 맞는 조명이 중요하다. 건설용 시멘트는 19세기 초까지 현지에서 생산되었지만, 현재는 현지 생산이 비싸서 대부분의 건축자재와 같이 수입하고 있다. 땅값이 비싼 레이캬비크 도심에는 아파트가 일반적이며, 시골 지역은 넓은 땅을 십분 활용해 대다수의 주택이 크다. 지열수가 아이슬란드 가정 난방의 90%를 책임진다. 샤워할 때 물에서 나는 유황 냄새에 익숙해질 것이다. 수도관과 라디에이터 부식을 막기 위해 물에 황화수소를 첨가했기 때문이다. 전혀 해롭지 않은 성분이므로 물을 삼켰다고 걱정하지 말자. 아이슬란드 수도에서 나오는 찬물의 95%는 천연광천수이다. 염소, 불소, 칼슘이 전혀 없어 깨끗하고 건강에도 좋다. 수도관에서 뜨거운 물을 빼내고 냄새를 없애기 위해 잠시 물을 틀어 둔 다음 사용하면 된다.

주택의 외관과 내관의 디자인은 비슷비슷하다. 파랑, 빨강 또는 갈색의 외벽과 심플한 흰색 내벽의 조합이 일반적이다. 그러나 레이캬비크, 특히 도심에 도시계획법이 도입되기 전에 지어진 일부 카페와 상점은 오랜 스타일을 보존하고 있으므로 다양한 모습을 볼 수 있다.

아이슬란드인은 청결을 중요하게 여기며, 여러분이 방문하는 대부분의 가정은 깨끗하게 정돈되어 있을 것이다. 방문할 때는 꼭 신발을 벗어야 한다는 사실을 잊지 말자! 집을 깨끗하게 청소하는 것이 일상적이다. 평등한 나라라고 스스로 평가하는 아이슬란드에서(2장 참고) 자신이 어지럽힌 것을 청소하려

아이슬란드에서 많은 가정은 별장을 소유하고 있다.
대부분은 시골에 있으며, 사람들은 가능한 휴일을 별장에서 보내고 싶어 한다.

고 사람을 고용하는 행동은 안 좋게 본다. 이러한 태도는 최근 들어 완화되었지만, 도우미를 쓴다고 공개적으로 밝히긴 불편해한다. 그러나 점차 도우미를 쓰는 사람들이 많아지고 있다.

아이슬란드에서 별장을 소유하는 일은 흔하며, 가족들은 크리스마스와 여름철에 별장에서 지내며, 종종 친척이나 친구를 초대한다. 운 좋게 초대를 받는다면 눈 덮인 야외에 있는 김이 모락모락 나는 자쿠지를 기대할 수 있다.

가족 단위

아이슬란드 가족은 여러 형태와 규모로 이루어져 있다. 앞서 설명한 대로 법적으로 커플의 결합을 공식화하는 수단으로의 결혼을 오랜 관계에 필수적이고 의미 있다고 생각진 않으며, 아이를 갖기 위한 전제조건도 아니다. 아이슬란드에서 대다수 커플은 동거에 만족하며, 결혼을 생각하기 훨씬 오래전에도 아이를 갖는다. 결국 결혼하는 커플은 상속과 같은 현실적인 이유로 결혼한다. 왜냐하면 '합의적 결합(함께 살지만 법적으

로 결혼하지 않은 것으로 등록한 커플)'은 관계가 깨지거나, 파트너가 사망하면 결혼한 커플과 같은 법적 보호를 받지 못하기 때문이다.

아이슬란드의 역사를 살펴보면 이처럼 인기 있지만, 비전통적인 형태의 가족이 존재하게 된 이유에 대해 많은 단서를 얻을 수 있다. 먼 옛날에는 자원이 부족했기 때문에 인구증가를 막기 위해 땅을 가진 사람에게만 결혼의 특권을 줬다. 그러나 200년이 넘는 기간 동안 그런 법적 요구사항은 사라졌지만, 사회적 패턴은 유지되고 있다. 따라서 아이슬란드는 결혼이라는 현대적인 제도를 다른 나라만큼 중요하게 생각하지 않는다.

그 결과 아이슬란드 아이들은 결혼한 부부 사이에서 태어나지 않은 경우가 대부분이며, 한 지붕 아래 가정이 섞여서 사는 모습이 아주 일반적이다. 보통 조부모와 친척은 가족의 일원으로 새로운 구성원을 받아들이는 데 익숙하며, 대부분의 경우 이전의 관계에서 태어난 어린이는 새로운 가정의 완전한 일원으로 받아들여진다. 이제는 동성 부모를 가진 가족도 더 흔해졌다.

1960년대 이후로 출산율은 크게 떨어지고 있으며, 현재는 여성 1인당 1.7명이라는 사상 최저 출산율을 기록하고 있다.

유럽의 많은 지역과 스칸디나비아반도에서도 같은 양상이 벌어지고 있다. 수명의 증가로 아직은 아이슬란드 인구에 큰 영향을 미치지는 않고 있지만, 출산율이 계속해서 하락한다면 상황은 달라질 것이다. 퇴직한 고령 인구를 지탱할 수 있는 노동인구가 감소하면서, 이런 추세는 향후의 경제적 어려움을 의미한다.

아이슬란드에서의 성장기

아이슬란드는 독보적으로 안전하며, 전 세계에서 범죄율이 가장 낮다. 그 결과, 어린이들은 자유롭게 놀고 돌아다닐 수 있다. 수많은 서양 국가, 특히 대도시에서는 점점 보기 드물지만, 아이슬란드에서는 어린이가 스스로 돌보고 자립심을 키울 기회가 주어진다. 아이슬란드는 이르면 6세 어린이가 혼자서 등하교를 하며, 어린이는 어른 없이 혼자 밖에서 놀거나 돌아다닌다.

레이캬비크의 번잡한 거리를 걸어보자. 그러면 유모차에 혼자 잠든 아기들을 보고 놀랄지 모른다. 더 놀라운 일은 겨울철

에도 아기를 야외에 두고 밖에서 자게 한다는 점이다. 이런 모습은 수 세기 동안 계절에 상관없이 지켜지고 있다. 부모가 가까이 있을 수 있지만, 아이들을 야외 공공장소에 두고 부모는 자기 일을 한다. 이 모습을 보면 아이슬란드의 사회적 분위기와 시민 간의 상호 신뢰 수준을 잘 알 수 있다.

10대들도 다른 나라의 10대들보다 자유를 더 많이 누리며, 10대의 독립심을 높이 평가하고 장려한다. 어리게는 14세의 청소년이 아르바이트해서 돈을 벌기 시작하는 일은 흔하다. 슈퍼마켓에서 계산원으로 일하거나, 관공서에서 청소하거나, 농장에서 일하는 등 여름철 일자리는 청소년들 사이에 인기가 많다. 2018년에는 18세 미만 청소년 4명에 1명꼴로 일을 했으며, 그중 700여 명은 12세였다. 독립심과 자립심을 가장 중요하게 생각하는 사회에서 이 수치는 놀랍지 않으며, 10대에 일을 시작한 어른들도 기꺼이 어린 나이에 스스로 책임지고 돈을 관리하는 법을 배우는 장점을 설파할 것이다. 다행히 대부분의 경우 쉬거나 놀 시간을 크게 줄이지 않고 일할 수 있다.

일상

일반적으로 업무는 오전 7시나 7시 반에 시작된다. 아침 식사는 보통 집에서 먹는다. 전통적으로 오트밀에 갈색 설탕, 건포도나 버터, 탈지유를 여과해 만든 두껍고 요거트와 비슷한 맛있는 치즈 스키르를 뿌려서 먹거나, 아니면 그냥 시리얼을 먹는다. 아이들은 학교로 등교하며 대부분은 오전 8시에서 9시 사이에 회사에 도착한다. 회사에서 점심 휴식 시간은 보통 30분~1시간이며, 대기업에서 근무한다면 전체 직원을 위한 사내 식당이 있다. 중소기업에서 근무한다면, 외부 식당에서 간편하

게 식사를 하거나, 샌드위치나 집에서 점심을 준비해오는 경우
가 일반적이다. 회사에서 집까지 거리가 가깝다면, 점심을 먹
으러 집에 가기도 한다. 1인당 커피 소비량은 세계 4위이며, 근
무할 때는 커피를 많이 마실 수 있게 보장한다. 일반적으로 근
무는 오후 4시에서 5시 사이에 끝나지만, 민간 기업에서 근무
한다면 초과근무가 흔하다. 아이슬란드에서 초과근무는 다른
스칸디나비아 국가와 마찬가지로 문제가 되지 않는다.

근무시간이 길어서, 주중 저녁은 가정에서 휴식을 취하며
편하게 시간을 보낸다. 특히 겨울철이 그렇다. 동료나 친구와
일을 마친 후 함께 술을 마시는 일이 아예 없는 건 아니지만,
다른 나라에서만큼 흔하진 않다. 보통, 집 안팎에서의 사교활
동은 주말에만 한다.

별난 음식 / 특이한 음식

아이슬란드 음식이 유명하지는 않다. 앞서 살펴봤듯이 전통
요리에는 절인 숫양의 고환, 발효시킨 상어, 삶아서 젖산에 응
고시킨 양머리 등이 있다. 한 번에 이 모든 음식을 시도하지

(상단) 버터를 발라 많이 먹는 말린 대구. (중간)샐러드, 크림과 함께 먹는 랑구스틴 바닷가재. (하단)뿌리채
소를 곁들인 졸인 양고기 수프인 크요트수파.

않는 편이 좋다.

아이슬란드의 편을 들자면, 역사적으로 아이슬란드는 극도로 고립된 국가였다는 사실을 기억하자. 가장 가까운 이웃 국가조차도 수백 킬로미터 떨어져 있었다.

신선 식품을 구하기 힘들었고, 찾을 수만 있다면 어디서든 영양분을 섭취해야 했다. 다행히 아이슬란드 음식은 크게 개선되어 현대 아이슬란드 요리에는 장점이 많다. 이제는 음식의 르네상스를 경험하고 있다. 풍부한 신선한 해산물, 신선한 양고기, 산딸기는 일부일 뿐이다.

아이슬란드는 곡식을 자급자족한 적이 없었으며, 19세기까지 빵은 사치품이었다. 건어물이 전통적인 주식으로, 뼈를 발라내거나, 소금에 절이거나, 종종 버터를 발라서, 보통 생선이나 양고기 주식에 곁들인 음식으로 섭취했다. 그러나 오늘날 빵은 더는 귀하지 않으며 많이 먹고 있다. 아이슬란드 고유의 빵으로는 전통적으로 크리스마스에 먹는 리프 브레드(86페이지 참고)와 짙은 색의 달콤한 호밀 빵으로 전통적으로 온천 근처에 냄비를 땅에 묻어 지열로 요리하는 크베라브뢰이드가 있다.

휘핑크림, 잼과 함께 먹는 팬케이크 같은 얇은 크레페와 같은 달콤한 후식을 널리 즐기며, 아이스크림은 전 국민이 좋아하는 간식으로 겨울철에도 즐겨 먹는다. 달콤한 음식을 좋아하는 사람은 아이스크림과 사탕과 다량의 소스를 뿌린다.

평상시 쇼핑

식료품, 옷, 교통과 같은 일상 생필품을 비롯해 아이슬란드의 물가는 비싸다. 현지인들의 경우, 최근 들어 다소 개선이 되었다. 현지인의 소비력이 향상했고, 과거보다 사람들이 생필품에 쓰는 비중이 줄어들었다. 예산과 상관없이 현명하게 쇼핑할 방법들이 있으며, 평상시에 일용품을 살 수 있는 가장 저렴한 장소로는 '보너스' 같은 대형 슈퍼마켓 체인을 이용하는 것이다. 그러나 대형 슈퍼마켓이 생기면서 아이슬란드의 중심가에서 소형 식료품 가게가 전부 사라졌다. 노인들을 제외하고는 많이 이용하지는 않지만, 식료품을 집으로 배달시키는 것도 가능하다. 주중에는 중심가 대부분의 상점은 오전 9시~10시 사이에 문을 연다. 오후 6시에 문을 닫는다. 주말에는 상점 문을 늦게 여는데, 대부분은 오전 10시~11시 사이에 문을 연다. 상점에

따라 다르지만, 낮 2시~5시 사이에 문을 닫는다(쇼핑과 관련한 내용은 6장을 참고하자).

교육

다른 노르딕 국가와 마찬가지로, 6~16세까지는 아이슬란드에서 무상의무교육을 받는다. 학교에 다니기 전에 어린이는 국가의 지원금을 많이 받아 운영되는 유치원을 다닌다. 16세 이후의 교육은 '중등 과정'으로 불린다. 마찬가지로 정부가 운영비를 지원하며, 의무교육을 마친 사람들에게 문이 열려 있다. 중등 과정을 다니는 학생들은 직업 훈련을 선택할 수도 있다. 포괄적이며 성공적인 국가교육제도로 인해 민간자본으로 운영되는 학교는 드물다.

　모든 중등학교 졸업생은 아이슬란드 공립대학 4곳 중 원하는 곳에서 공부할 수 있는 권한이 주어진다. 등록비를 제외하고 전부 무상으로 교육을 받을 수 있다. 학사 연도는 9월부터 5월까지로, 가을 학기와 봄 학기로 나뉜다. 외국에서 온 교환학생이 아이슬란드 대학생의 5% 정도를 차지한다. 24세~60세

레이캬비크에 있는 아이슬란드 대학: 아이슬란드에서 가장 오래된 고등교육기관

사이의 아이슬란드 남성 중 30% 정도가 대학 졸업자다. 여성의 경우 대학 졸업자는 그보다 훨씬 많은 50%가 넘는다.

• 아이슬란드 대학 •

아이슬란드에는 7개의 대학이 있으며, 4곳은 공립이며 3곳은 사립이다. 그중에서 아이슬란드 대학은 주요한 고등교육기관으로 남아 있다. 독립 영웅 욘 시귀르손의 탄생 100주년인 1911년 6월 17일에 창립된 이곳의 최초의 학생들은 남성 44명, 여성 1명으로 구성되었다. 오늘날 여성이 아이슬란드 대학 졸업자의 66%를 차지한다. 거의 3천 명의 교사와 수백 명의 연구원과 행정직원이 근무하는 아이슬란드 대학은 아이슬란드 최대 단일 직장이다. 대학에서는 학생 커뮤니티가 활발하며, 캠퍼스 안에 60개가 넘는 학생단체가 활동하고 있다. 최대 캠퍼스는 레이캬비크 중앙에 있어, 약 10만 km2의 부지에 30여 개의 건물이 흩어져 있다. 인기 있는 학부로는 사회학, 보건학, 교육학, 공학, 자연과학이 있다.

06

여가생활

자유시간이 적은 아이슬란드인은 그 시간을 최대한 활용하는 방법을 배웠고, 실내와 야외에서 다양한 활동을 즐긴다. 아이슬란드를 방문하는 기간이 짧다면, 레이카뷔크 시청에서 아이슬란드 최고의 박물관, 레스토랑, 도시 관광, 수영장 및 버스를 무료나 할인된 가격에 입장하거나 이용할 수 있는 시티 카드를 살 수 있다.

앞서 살펴보았듯이 아이슬란드인은 환경, 고용, 공동체, 부와 건강과 같은 수많은 주요 분야에서 유럽 평균을 훨씬 상회한다. 그러나 잘하지 못하는 분야가 바로 일과 삶의 균형이다. 아이슬란드인은 유럽의 다른 국가보다 레저시간은 줄어드는 대신 일하는 시간이 길다. 주당 45시간 근무는 흔하며, 7명 중 1명은 주당 50시간 이상 근무한다. 긴 근무시간과 초과근무는 일반적이다. OECD에 따르면 아이슬란드인은 덴마크인과 비교해 레저와 개인 시간으로 일일 90분씩 적게 쓰는 것으로 나타났다. 장시간 근무의 부정적인 영향을 인식한 대중은 일과 삶의 균형을 개선하기 위해 실용적인 방법을 찾고 있다. 대부분은 아이슬란드가 천연자원이 풍부하고 기술이 발전한 만큼, 휴식에 좀 더 많은 시간을 보내야 한다고 말한다.

자유시간이 적은 아이슬란드인은 그 시간을 최대한 활용하는 방법을 배웠고, 실내와 야외에서 다양한 활동을 즐긴다. 아이슬란드를 방문하는 기간이 짧다면, 레이캬비크 시청에서 아이슬란드 최고의 박물관, 레스토랑, 도시 관광, 수영장 및 버스를 무료나 할인된 가격에 입장하거나 이용할 수 있는 시티 카드를 살 수 있다.

공중목욕

아이슬란드는 불과 얼음의 땅만이 아니다. 또한 불과 얼음과 기분 좋은 따뜻함을 느낄 수 있는 지열 온천의 나라이기도 하다. 야외 수영장이든, 인공 해변이든, 거품이 보글거리는 라군이든 지열 강이든, 아이슬란드인은 수 세기 동안 수영과 목욕을 즐겼으며 연중 어느 때든 많은 사람이 이렇게 휴식을 취한

목욕을 즐기는 사람들은 아이슬란드 남서부에 위치한
그린다빅에 있는 블루라군 지열 스파에서 미네랄이 풍부한 따뜻한 온천을 즐긴다.

다. 한겨울에 김이 나는 야외 욕조에 몸을 담그고 별이 반짝
이는 밤하늘을 올려다보며, 눈송이가 여러분의 콧등에 살짝
내려앉는 것보다 더 멋진 휴식이 있을까?

아이슬란드인은 목욕을 진지하게 생각하며, 모든 공중수영
장에는 높은 수준의 위생을 유지한다. 염소는 절대적으로 최
소한의 양만 사용하며 많은 경우에는 전혀 사용하지 않고 있
으므로, 목욕하려면 탕에 들어가기 전에 몸을 씻고 들어가야

한다. 남녀의 샤워 공간은 분리되어 있으며, 대부분은 옷을 벗고 몸을 씻는다. 부끄럽다고 생각해도 걱정하지 말자. 아이슬란드에서는 공중목욕을 할 때, 옷을 벗고 몸을 씻는 모습은 완전히 일상적이다. 사람들은 남에게 신경 쓰지 않는다. 일단 몸을 씻은 후 수영복을 입으면, 물에 들어갈 수 있다. 여성은 공중 온천에서 가슴을 가려야 하는 건 아니지만 대부분은 상체를 가리며, 상체를 벗고 목욕을 한다고 해서 이목을 끄는 것은 아니다.

가장 황량한 곳을 제외하고는, 인공 수영장이든 천연 욕탕이든 사우나, 스팀 목욕, 카페, 소지품을 둘 수 있는 깨끗한 탈의실과 같은 시설들이 있다. 목욕하는 사람들은 시설 유지를 위한 입장료를 낸다. 시간이 충분하고 모험심이 넘치는 사람을 위해 아이슬란드 주변에 야생 온천도 많다. 시설은 갖추어져 있지 않지만, 다른 사람들도 없을 것이다.

외식

필자가 자랐던 1980년대는 아이슬란드에서 외식이 드물었다.

아이슬란드 북부지역에 있는 시글뤼피외르뒤르의 하네스 보이 카페에서
사람들이 화창한 날씨를 즐기고 있다.

여유가 있으면 한 달에 한 번 레스토랑에서 외식했지만, 선택의 폭도 제한적이었다. 칩을 곁들인 버거, 양고기나 쇠고기 정도를 선택할 수 있었다. 피자는 1980년 말이 되기 전까지 없었으며, 다른 나라에서 온 음식도 없었다. 그러다가 1990년대가 되면서 이민자들이 새로운 맛과 음식을 전파했고, 현지인과 방문객 할 것 없이 레스토랑을 선호하기 시작했다. 중동, 동남아시아, 아프리카 레스토랑이 전부 외식업의 일부가 되었다. 오늘날 모든 입맛과 점차 늘어나는 채식주의자와 비건의 입맛에 맞출 수 있는 레스토랑이 많아져 선택의 폭이 넓어졌다.

레이캬비크를 벗어나면 선택의 폭은 제한적이지만, 대도시에서 만나는 음식을 통해 기분 좋은 놀라운 경험을 하게 될 것이다.

카페도 인기가 많아졌고, 특히 레이캬비크 도심에는 생기 넘치는 카페들이 많다(스타벅스는 단 한 곳도 없다!). 대부분 카페는 음식을 판매하며, 달콤한 걸 먹고 싶다면, 아이슬란드 초콜릿을 시도해보자. 과거 수입제한으로, 아이슬란드는 현지 브랜드나 기름에 튀긴 말랑말랑한 클레이나와 같은 현지 페이스트리가 많이 발전했다.

예산마다 다른 레스토랑을 이용할 수 있지만, 아이슬란드에서는 다른 것과 마찬가지로 외식을 하려면 비용이 많이 든다. 아이슬란드는 항상 대부분 식품을 수입해야 했으며, 현지 농업을 보호하기 위해 높은 관세를 부과해 상당량의 농산물 운송비를 높이고 있다.

바로 이런 이유에서 아이슬란드 유일의 저렴한 슈퍼마켓 체인인 보너스에는 많은 방문객이 물건을 다량으로 사서 비축하는 모습을 볼 수 있다. 레이캬비크에 있으면 크레이빙 앱을 사용해 가장 가까운 레스토랑을 찾을 수 있으며, 메뉴, 가격, 음식평과 같은 정보를 얻을 수 있다.

간단하면서도 뜨겁고 맛있는 핫도그는 아이슬란드인에게 특별하다.

맥도널드나 버거킹과 같은 세계적으로 인기가 많은 패스트
푸드 체인들이 아이슬란드에서 영업하지 않는다는 점은 주목
할 만하다. 그러나 아이슬란드에서는 단순한 핫도그가 인기
있는 패스트푸드이다.

이런 음식은 하루 중 언제라도 먹고 싶어 하는 현지인들의
많은 사랑을 받고 있는데, 여행객들은 그런 음식의 가격을 좋
아한다. 케첩, 마요네즈, 머스터드 같은 일반적인 소스에 더해
아이슬란드에서는 핫도그를 생양파와 바싹 튀긴 양파, 달콤
한 마요네즈를 기본으로 케이퍼, 스위트 머스터드, 허브로 만

든 레물라디(다른 나라에서는 '레물라드'로 불린다)라 불리는 렐리시(양
념류)와 같이 많이 먹는다. 먹음직스럽게 들린다면, '전부 다'를
의미하는 "에인 메돌루"라고 주문하자.

술

아이슬란드인은 술을 좋아한다. 과거의 술 문화는 건전하지
않았다. 주말에는 과도한 음주가 일반적이었으며, 술집이 새벽

밀과 보리로 증류한 현지에서 생산한 레이카 보드카는 빙하수로 만들었으며 용암암을 통해 여과되었다.

3시에 문을 닫아 싸움이 벌어지거나 술주정을 흔하게 볼 수 있었다. 필름이 끊어질 때까지 마시는 음주 문화가 만연해, 정부는 1915년에 술을 전면 금지했다. 1933년 증류주는 합법화되었지만 맥주는 1989년까지 불법이었다. 최근 수십 년간 상황이 크게 향상되었으며, 대다수 젊은 아이슬란드인은 과도하게 술을 마시지 않는다.

술 가격 때문에 저녁에 술을 마시러 가는 이들은 집에서 친구들과 함께 미리 한두 잔을 마신다. 본격적인 활동을 밤 11시경 시작되며, 대부분은 이때 밖으로 나간다.

극장과 영화

아이슬란드에서 가장 오래된 극장인 레이캬비크시티시어터는 1897년으로 거슬러 올라간다. 작고 비좁은 목재 건축물로 시작된 이 극장은 현재 관객 1,000명을 수용할 수 있는 멀티플렉스 공연 공간으로 변모했으며, 이곳에서 해외와 국내 주류 및 비주류 작품을 찾을 수 있다. 아이슬란드 문화생활의 중요한 부분인 극장은 대중연설과 음악회를 개최한다. 아이슬란드의 국립극장은 다양한 아이슬란드 작품, 외국 작품, 클래식, 뮤지컬, 오페라, 어린이 작품을 상연한다. 레이캬비크의 역사적인 중심지에 있는 이 극장은 '엘프 극장'으로 아이슬란드의 국가 건축가 구드욘 사무엘슨이 설계했다. 겸손하고 수수하게 생긴 현무암으로 된 건축물의 디자인은 바위 안에 엘프가 산다는 아이슬란드의 오랜 믿음을 반영했으며, 극장 안에 있는 사람은 드라마, 댄스, 노래를 통해 엘프의 세계에 들어갈 수 있다는 의미이다. 극장 나들이는 사회의 모든 계층에서 인기가 있으며, 사람들은 공연을 보러 갈 때 옷을 차려입지만, 공식적인 복장 규정은 없다. 전국적으로 20여 개의 전문 극장과 수십 개의 드라마 동호회가 있다. 대부분의 공연은 아이슬란드어로 상영되며, 영어로 상영되는 작품도 있다.

놀라운 풍경을 가진 아이슬란드는 영화를 위해 극적이고 딴 세상 같은 배경을 찾는 세계적인 제작사들에게 인기 있는 장소로 부상했다. 동시에 국가의 강력한 지원을 받는 아이슬란드 지역 영화 산업은 확고히 발을 디뎠고, 아이슬란드는 매년 국내 장편 영화와 단편 영화를 꾸준히 개봉하고 있다. 1991년 작품 「자연의 아이들」로 함께 죽기 위해서 야생으로 돌아간 노인 부부에 대한 영화로 오스카 최고외국어영화상을 받

은 프리드릭 토르 프리드릭슨 감독과 2018년 선댄스 영화제에
서 「And Breathe Normally」로 세계 시네마 감독상을 받은 이
솔드 우가도티르 감독과 같은 인물들이 잘 알려져 있다. 영화
애호가들은, 아이슬란드 작품과 해외 작품을 상영하며 아늑
한 바가 있는 레이캬비크 도심에 있는 아이슬란드 독립 아트
하우스 영화관인 바이오 파라디를 방문하면 된다.

　아이슬란드 영화계에서 가장 중요한 행사 중 하나는 레이캬
비크 국제 영화제로 가을에 11일간 열리며, 수영장, 동굴, 현지

영화 제작자의 집과 같이 독특한 환경에서 영화 관람을 할 수 있다.

미술

아이슬란드 미술계는 다채롭고 다양하며, 아이슬란드인의 자랑거리이다. 레이캬비크는 우수한 갤러리와 전시공간이 많으며, 가볼 곳이 많다. 처음 방문할 곳은 레이캬비크 미술관으로

조각가 욘 군나르 아르나손이 만든 레이카비크의 상징적인 조각 '선 보야저(Sun Voyager)'

에로, 크자발, 오스문두르 스베인손 같은 아이슬란드에서 가장 유명한 모던컨템퍼러리 예술가들과 국제적인 신예 현지 예술가들의 작품을 전시하고 있다. 세 장소에 흩어져 있는 이 미술관은 조각과 그림과 실험적인 조형물을 비롯해 꼭 봐야 하는 작품들이 많다. 표 1장이면 하루에 3곳을 다 관람할 수 있지만, 걸어가기에는 가깝지 않다는 점을 기억하자. 레이캬비크의 오래된 항구를 내려다보는 하버 하우스 건물에 위치한 레스토랑은 점심을 먹기에 기분 좋은 곳이다. 미술관에는 연중 내내 음악공연과 세미나를 포함한 수많은 문화 행사가 열린다. 유명한 다른 갤러리로는 근처에 있는 국내외 현대 미술품을 전시하는 i8 갤러리와 아이슬란드의 주요 옥션 하우스 갤러리 폴드가 있다. 약 600m²가 넘는 규모의 전시공간에는 4개의 갤러리가 흩어져 있으며, 입장료는 무료이다.

레이캬비크를 빠져나오면 우수한 품질과 다양한 작품으로 유명한 재미있는 미술관들이 많다. 최북단 도시인 아퀴레이리에는 현지 및 국내 예술가의 작품을 전시하는 최근에 새 단장을 한 아퀴레이리 미술관이 있으며, 매주 목요일마다 영어로 가이드 투어를 운영한다. 동쪽 해안 세이디르피외르뒤르라는 작은 마을에는 스카프트펠 시각 미술센터가 있어 특이하고 인상적인 컬렉션을 전시하며, 이곳의 위치가 외딴곳에 있어서 독특하다. 그곳은 예술가의 레지던스 프로그램을 운영해, 전 세계 예술가들은 장기간 마을에서 지내면서 자신의 작품을 실험하고 발전시킬 기회를 제공한다.

문학

아이슬란드는 문학적 유산을 자랑스럽게 생각하며, 일례로 13세기 서사시가 가장 유명한 최초의 작품이다. 서사시는 모든 아이슬란드인에게 친숙하며, 서사시가 아이슬란드 문화와 정체성에 미친 영향은 크다. 실제로 영웅과 반영웅에 대한 서사는 정치적 독립을 위한 투쟁에 동원한 아이슬란드의 자아상에 이바지했다.

현대 아이슬란드 문학의 보물인 할도르 락스네스는 1955년 노벨문학상을 받았다. 1913년 친구에게 보낸 편지에서 그는 초창기 서사시 또는 '아이슬란드 옛사람들'에 대해서는 별생각이 없었던 게 분명하지만, 스웨덴 한림원은 그가 아이슬란드의 대서사 서술을 새롭게 성공적으로 재현했다고 칭찬했다. "북방의 톨스토이"로 불리는 그의 유명한 작품으로는 「살카 발카」, 「독립된 민중」, 「세계의 빛」이 있으며, 아이슬란드 사회의 긴장감을 어두운 유머로 다소 비극적인 모습을 고찰했으며, 시골 거주민의 빈곤과 염원을 담았다.

아이슬란드의 현대 문학계는 융성한 꽃을 피우고 있다. 아이슬란드에는 매년 1,300권 정도의 책이 발간되고 있으며, 인구 35만 명의 나라치고는 놀라운 수치로 세계에서 1인당 출판 권수가 가장 많다. 아이슬란드에서 책은 상당히 가치 있는 선물로, 많은 이들이 친지가 선물한 책을 읽으며 크리스마스 이브를 보낸다.

음악과 축제

아이슬란드는 가장 지루한 사람도 합창단에 가입하면 재미있어진다는 말이 있는데, 어느 정도 진실임이 틀림없다. 아이슬란드에 거의 모든 마을에는 최소한 한 개의 합창단이 활동하고 있다. 전국적으로 합창단의 수가 300개가 넘는 것을 봤을 때, 합창단이 제대로 운영되는 게 분명하다. 만일 여러분이 마을에 새로 온 사람이라면, 합창단에 가입하면 사람들을 만날 수 있다. 사람들은 음악적인 즐거움 못지않게 사회적 이익을 위해 합창단에 참가한다. 합창단 대부분은 매년 크리스마스 공연과 봄 공연 등 수많은 대중 공연을 위해 연습하며, 공연을 위해 함께 해외로 떠나기도 한다.

아이슬란드 음악의 전통은 역사가 깊다. 오늘날에도 14세기의 민요를 들을 수 있다. '크베다(리드미컬하고 반복적인 구호가 특징)'와 '트비손구르' 같은 전통적인 형태의 노래가 있으며, '랑스 필(일종의 드론 치터-옮긴이)'과 피들라(Icelandic fiddle, 아이슬란드 바이올린-옮긴이)와 같은 현지 전통악기가 있다. 아이슬란드의 현대 음악은 나라의 크기를 고려하면 놀라울 정도로 다양하며, 비요크와 시규어 로스를 비롯해 세계 무대에 잘 알려진 가수들을 여럿 배출했다. 가장 최근에는 레이캬비크에서 활동하는 밴드인 '오브 몬스터즈 앤 맨'은 인디 팝과 포크 뮤직 밴드로 유명하며, 아이슬란드 밴드로는 최초이자 유일하게 스포티파이 10억 회 이상 다운로드를 달성했다. 아마도 아이슬란드 음악계 규모가 작다는 것이 도움이 된 것 같다. 적은 인구로 인해 음악가들은 다양한 장르에 걸쳐 두루 연습이 잘 되어 있으며, 아이슬란드의 음악계가 다른 곳에서는 찾아볼 수 없는 경계를 허

(상단·중간)레이캬비크 하르파 콘서트홀과 내부 전경.
(하단)레이캬비크 거리에서 현지 뮤지션이 공연을 하고 있다.

무는 대중음악을 창작하는 데 도움이 되었다.

많은 음악 축제가 연중 내내 개최되며, 레이캬비크에서는 거의 매일 밤 라이브 음악을 들을 수 있다. 온라인에서 일정을 확인할 수 있는 콘서트홀 하르파부터 방문해보는 것도 좋다. 레이캬비크에서 라이브 음악을 들을 수 있는 다른 장소로는 후라, 켁스, 이드노와 같은 술집이 있으며, 이곳에는 격식 없는 분위기에 다양한 장르의 라이브 뮤직을 즐길 수 있다. 차나르 비오는 음악공연과 연극을 둘 다 개최하며, 가우쿠린은 헤비 메탈을 좋아한다면 방문해야 할 곳으로, 여장남자들이 가장 좋아하는 장소이다!

수많은 음악 페스티벌은 방문해볼 만하다. 가장 인기 있는 페스티벌은 2월에 개최되는 소나르 레이캬비크 페스티벌과 6월에 개최되는 시크릿 솔스티스 페스티벌과 11월에 열리는 아이슬란드 에어웨이 페스티벌이 있다. 부활절에 베스트피르디르에서 3일간 개최되는 록 페스티벌 '나는 남쪽을 가본 적이 없다'를 비롯해 연중 내내 전국에서 열리는 소규모의 페스티벌이 많다.

은행 공휴일 주말이 있는 8월은 아이슬란드 전역에 캠핑 축제로 아주 인기가 많으며, 이 시기에 아이슬란드에 있다면 캠핑 축제를 강력히 추천한다. www.guidetoiceland.is 같이 축제를 확인할 수 있는 온라인 사이트가 많다.

스포츠와 운동

아이슬란드인은 활동적인 사람들로 대체로 야외 활동과 신체 운동을 매우 좋아한다. 아이슬란드의 고대 서사시는 키 크고 힘센 영웅들을 이야기하며, 무자비한 환경은 과거 신체적 능력이 생존을 위해 필수적이었다는 것을 의미한다. 레이캬비크의 세탁하는 여인들은 세탁물과 세탁 도구를 들고 가장 가까운 강까지 수 마일을 걸어간 것으로 알려져 있으며, 어부는 가장 무거운 돌을 들 수 있으면 대접받았다. 그러나 여러분이 만나는 모든 사람이 철인은 아니다(모든 사람은 원조 철인 '욘 폴 시그마르손'을 사랑한다). 아이슬란드인은 1인당 콜라 소비율이 세계 1위이며, 1983년까지 아이슬란드 유일의 TV 방송국은 사람들의 게으른 TV 시청을 막기 위해 7월에 프로그램을 중단했다. 1987년까지 같은 이유로 목요일마다 TV가 금지되었다. 오늘날도 건강한 라이프스타일을 중요하게 생각하며, 안 좋은 날씨는 걸

아이슬란드의 대표적인 스포츠는 핸드볼이다.

림돌이 되지 않는다. 날씨에 맞게 옷만 잘 입으면 된다.

　등산과 산책은 승마, 암벽등반, 수영, 축구, 전 국민의 스포츠인 핸드볼과 같이 인기가 많은 운동이다. 체육관 이용자가 많으며, 특히 겨울철에는 사람들이 요가 수업(특히 핫 요가)을 듣거나 일상적인 웨이트 트레이닝에 더해 스피닝을 한다. 바이킹이 수입한 레슬링의 독특한 형태인 '길마'는 지금도 남녀 모두 연습한다(아이슬란드 대자연의 선물에 대한 자세한 내용은 제7장에서 확인하자).

· 낚시 ·

강과 호수의 수가 수백 개가 넘으며, 다양한 물고기가 서식하는 아이슬란드에서 낚시는 매우 인기가 많은 야외 활동이다. 그러나 낚시는 규제를 많이 받으며, 결코 비용이 적게 드는 취미 활동은 아니다. 아이슬란드의 강은 개인이 소유하고 있으며 땅 주인, 주로 농민들은 회원에게 라이선스를 발행하는 낚시 회사에 땅을 임대한다. 라이선스 요금은 비싸며, 각 사이트는 낚시해도 되는 때와 사용할 수 있는 미끼의 종류와 낚시로 잡은 물고기를 집에 가지고 갈 수 있는지 등에 관한 규정이 있다. 바다 송어, 강 송어, 연어, 잡기 힘든 북극곤들매기는 가격이 천차만별이지만 모두 인기가 많은 어종이다. 낚시에 관심이 있다면 레이캬비크 낚시 클럽에 연락해 관련 정보와 라이선스에 대해 알아보자.

즐거움을 위한 쇼핑

아이슬란드 디자인은 미니멀리즘, 간소함, 기능성을 중시하는 노르딕 스타일에 강하게 뿌리를 두고 발전했지만 아이슬란드만의 색채가 있다. 진보적이고, 이색적이며, 아이슬란드만의 독특한 자연환경에서 영감을 얻은 아이슬란드 디자인은 점차 알아가는 재미가 있다. 가장 좋은 장소로는 레이캬비크의 주요 쇼핑 번화가인 라우가베구르 거리이다. 패션에서 홈웨어에 이르기까지 아이슬란드 디자이너들의 최고의 제품을 판매하는 상점들을 찾을 수 있으며 레스토랑, 카페, 바도 밀집해 있다.

인근의 크링클란 쇼핑몰에는 국내 브랜드와 해외 브랜드가 180개가 넘게 밀집해 있으며, 레스토랑과 영화관이 있다. 아이슬란드 최대의 쇼핑몰인 스마랄린트 쇼핑몰은 레이캬비크의 도심에서 7km 떨어져 있다.

공예품과 별미(삭힌 상어를 먹어보고 싶은 분이 있을까요?), 홈웨어, 의류, 기념품을 비롯한 아이슬란드의 전통적인 제품을 보고 싶다면, 옛 항구에 있는 레이캬비크 콜라포르티드 벼룩시장부터 시작하면 좋다. 특히 판매자들이 물건을 정리하고 빨리 집에 가고 싶어 하는 일요일 저녁이, 아이슬란드에서 물건값을 흥정할 수 있는 유일한 장소이다.

도심에 있는 프루 라우가 파머스 마켓도 방문해볼 만한 장소이다. 아이슬란드 최고의 농가에서 생산한 유제품과 고기를 비롯해 현지 음식을 판매한다. 그곳에서 멀지 않은 곳에 흘렘뮈르 푸드홀(패스트푸드 가맹점이 모여 있는 푸드 코트와 달리 유명한 로컬 셰프의 식당과 독특한 개성을 갖춘 음식점이 입점한 형태-옮긴이)을 찾을 수 있다. 음식점 10곳이 입점한 이곳은 그 일대 최고의 음식들을 맛볼 수 있는 좋은 장소이다.

돈 문제

아이슬란드는 아직 현금이 필요 없는 사회는 아니지만, 점차 현금 없는 사회로 나아가고 있다. 신용카드 지급이 일반적이며, 대부분은 밖에서 현금이 필요할 거로 생각하지 않는다. 그러나 전면 전자결제에 대해서는 일부 사람들이 반발하고 있다. 한 중도우파 정치인이 세금 사기를 예방하기 위해 전면 전자결제를 제안하자 대중들이 항의했다. 이 주제는 오늘날 아이슬란드의 세력들을 잘 보여준다. 그렇다. 현대화와 기술의 진보를 받아들이지만, 보수적인 태도가 방해하며, 나이 많은 대부분의 아이슬란드인은 최소한 전통적인 지급방식인 지폐 사용을 더욱 편하게 생각한다. 그러나 세계 다른 나라들과 마찬가지로 인터넷과 함께 자라고 스마트폰이 단순히 커뮤니케이션 도구가 아니라 다섯 번째 손발과도 같은 신세대들에게는, 스와이프와 클릭이 너무나도 자연스러운 결제방식이다. 그렇기 때문에 앞으로 아이슬란드에서 지폐의 시대는 결국 막을 내리게 될 것이다. 아이슬란드에 도착하기 전에 신용카드나 체크카드 관련 사항을 미리 준비해 카드로 결제할 대비를 하자.

07

여행 이모저모

아이슬란드는 자연과 모험을 좋아하는 사람을 결코 실망시키지 않는다. 가장 바쁜 여행 성수
기는 6월부터 8월까지에 해당하는 여름철이다. 4월부터 6월까지에 해당하는 봄철도 여름철
못지않게 여행할 기회가 많으며, 상대적으로 관광객의 수가 적다는 장점도 있다. 또한 추운
겨울은 북극광을 볼 확률이 가장 높은 계절이기도 하다.

아이슬란드에는 볼거리가 많으며, 방문자들이 레이캬비크 안보다 밖에서 아이슬란드를 이색적인 곳으로 만드는 피오르, 빙하, 온천, 화산, 검은 모래 해안을 탐험하면서 더 많은 시간을 보내는 일이 일반적이다. 기상 악화로 여행 계획이 틀어질 때도 있고, 특히 고지대의 경우 여행 계획이 틀어지지만, 일반적으로 도로는 잘 정비되어 있어, 비교적 쉽게 아이슬란드 전역을 여행할 수 있다.

운전

아이슬란드의 도로망은 넓으며, 자동차나 버스로 아이슬란드 대부분 지역에 갈 수 있다. 핵심 도로망으로는 주요 도로가 있으며, 아이슬란드의 주간 도로인 링로드 등이 있어, 섬 전체를 감싸고 있다. 주요 도로는 아이슬란드의 큰 마을과 도시, 거주민이 100명 이상 사는 작은 마을 대부분을 연결한다. 대부분 도로는 포장이 되어 있지만, 모든 도로가 포장된 것은 아니다. 일부 주요 도로가 고산지를 통과하지만 이런 도로의 유지보수는 제한적이며, 겨울철에는 도로가 폐쇄된다. 주요 고산 도로

F도로는 심약한 사람에게는 적합하지 않다.

들은 보통 폭이 좁은 자갈길이나 트랙으로, 그 지역의 강 대부분을 가로지르는 다리는 없으므로, 자동차로 강을 건너서 가야 한다! 간선 도로가 거주민 100명 미만의 지역과 관광 중심지와 인기가 많은 관광지를 주요 도로와 연결한다. 일부 산과 황무지에는 하이웨이 로드로만 분류되는 도로가 연결되어 있으며, 비포장의 폭이 좁은 도로로 구성되어 있으며 목적지를 모르는 사람이나 미숙한 운전자가 주행해서는 안 된다. 이런 도로는 'F'라는 철자로 표시되어 있다.

아이슬란드 날씨는 예측하기 어려운 것으로 유명하다. 눈보라와 눈 폭풍이 갑자기 불면 젖은 빙판길은 운전하기 위험하다. 제한속도는 시속 90km이지만, 제한속도를 지키지 않는 현지인 운전자들을 많이 볼 수 있다. 대부분 도로는 1차선이다.

많은 주유소에서는 핀번호가 없으면 카드 결제가 안 되므로 카드의 핀번호를 반드시 준비하자. 핀번호가 준비되어 있지 않다면, 현금이 부족할 경우 외딴곳에 있는 주유소에서 사용할 용도로 휘발유용 선불카드를 구매할 수 있다. 슈퍼마켓과 주유소에서 구매 가능하며, 나중에 사용하기 위해 선불카드에 금액을 미리 충전할 수 있다.

도로에 대한 정보와 아이슬란드 전체 주행 조건에 대해 실시간 업데이트가 이루어지는 www.road.is 를 확인해보자.

【 렌터카 】

아이슬란드에서 차량 보유율은 아주 높다. 최근 수치에 따르면 현재 인구수보다 등록된 자동차의 수가 더 많다. 나만의 속도로 아이슬란드의 이국적인 풍경을 탐험하고 싶다면, 다양한 렌터카를 빌릴 수 있지만, 알맞은 렌터카 선택이 중요하다. 링로드만 여행할 계획이라면 이륜구동도 괜찮지만, 더 큰 모험을 원한다면 반드시 사륜구동을 선택해야 한다. 그러나 절대 저렴하지 않으며, '자갈 보호' 자동차 보험을 권유받게 될 것이다. 아이슬란드가 저렴해서 여행하러 오는 건 아니지 않은가!

일반적으로 사람들은 레이캬비크에서 45분 정도 떨어진 케플라비크 국제공항에 도착해 렌터카를 픽업하며, 이 방법은 수도 레이캬비크까지 버스를 타거나 다른 교통수단으로 바꾸어서 탈 준비를 하지 않아도 된다. 운전자의 나이는 반드시 21세 이상이어야 하며, 사륜구동을 운전하려면 25세 이상이어야 한다. 운전면허증이 영어(또는 라틴어 알파벳을 쓰는 다른 언어)로 표기되어 있지 않다면, 국제운전면허증이 필요하다.

차를 빌릴 때는 자동차에 문제가 있는지 사진을 찍어두자. 도로에서는 항상 연료량을 확인하며, 틈이 날 때마다 연료를 채우자. 차에 물과 간식과 여러 겹의 옷을 많이 준비해두는 것이 좋다. 아이슬란드의 도로는 고립되어 있어 발이 묶이면 긴급 출동 서비스를 받기까지 시간이 오래 걸릴 수 있기 때문이다. 도움이 필요할 경우, 112로 전화해 긴급 서비스를 받자.

택시

아이슬란드에는 영업 중인 민간 택시업체가 많으며, 전부 다 믿을 만하지만 하나같이 비싸다. 인기가 가장 많은 택시업체로는 Hreyfill(+354 5885522)과 BSR(+354 5610000)이 있다. Hreyfill 택시는 자체 앱을 사용해 예약할 수 있다. 모든 택시는 미터로 요금이 책정되며, 기본요금은 약 6천 원이다. 공항까지 택시 이용은 가격이 아주 비싸며, 약 14만~35만 원 정도가 든다. 우버와 리프트 같은 택시 앱은 현재 아이슬란드에서 사용되지 않고 있다.

버스

비운전자의 경우, 케플라비크 공항에 도착한 다음 경제적이고 효율적인 방법으로 레이캬비크에 가려면 버스를 이용하면 된다. 그레이 라인, 플라이버스 등이 운영하는 트랜스퍼 서비스를 이용하면 승객을 곧바로 숙소에 내려준다. 트랜스퍼 서비스를 이용하려면 공항에 도착해 표를 구매할 수도 있지만, 사전에 예약하는 것이 가장 좋다. 버스로 이동하면 대략 45분 정도 걸린다.

공항에서 레이캬비크로 가는 가장 저렴한 방법은 도심과 공항을 연결하는 아이슬란드의 주요 버스운송업체 스트라이토Strætó 55번 버스를 타는 것이다. 또한 이 버스는 노선이 가장 긴 버스이기도 하다. 끝에서 끝까지 약 90분 정도가 소요된다. 하루에 9대만 운영되며 오전 6:30에서 저녁 7:30까지 운행한다.

레이캬비크에 도착해 도시를 돌아다닐 때 스트라이토의 밝은 노란색 버스는 요금이 빠르게 올라가는 택시보다 효율적이고 저렴한 대안이 된다. 버스에 탑승해 버스 티켓을 구매할 수도 있지만, 운전기사가 거스름돈을 줄 수 없으므로 비용을 더 내야 한다(물론, 기꺼이 요금을 더 낼 용의가 있다면 문제 될 게 없다). 그렇지 않다면, 영어를 지원하는 버스 앱에서 표를 구매할 수도 있다. 스트라이토 앱에는 경로 플래너와 여행 업데이트와 실시간 지도가 들어 있어, 버스의 위치를 확인할 수 있다. 대중교통으로 이동할 계획이라면 미리 깔아두는 게 좋다. 티켓은 대량으로 구매해 핸드폰에 저장해 필요할 때 사용할 수 있다. 모든 티켓은 사용 시작 후 75분 이내에 사용해야 한다. 장거리 버스

노선에서는 무선 인터넷과 전기단자가 있다. 다른 운송업체들이 아이슬란드를 돌아다니는 장거리 버스 노선을 운영하기도 한다.

항공

아이슬란드에는 국내선 공항이 채 13개가 되지 않으며, 기상 조건으로 육로로 이동할 수 없을 때 현지인에게 비행기는 중요한 교통수단이 된다. 그러나 겨울철에는 비행 일정이 마지막에 변경될 가능성이 있으므로 주의하자. 국내선 여객기는 케플라비크 공항을 사용하지 않는다. 가장 가까운 국내선 공항은 '레이캬비크 도시 공항'으로 도시 중심에서 2km 정도 떨어져 있다. 셔틀버스가 두 공항 사이를 운행한다. 모든 국내선 여객기의 노선과 일정은 www.isavia.is에서 확인할 수 있다.

아쉽게도 아이슬란드에는 기차가 없으며, 앞으로도 기차는 없을 것이다. 도로에는 자동차가 지나치게 많으며, 인구수가 적으므로 기차가 생길 수 없다.

관광지

자연과 모험을 좋아하는 사람에게 아이슬란드는 절대 실망을
안겨주지 않는다. 가장 바쁜 여행 성수기는 6월부터 8월까지
에 해당하는 여름철이다. 그러나 4월부터 6월까지에 해당하는
봄철도 여름철 못지않게 여행할 기회가 많으며, 상대적으로
관광객의 수가 적다는 장점도 있다. 북극광을 쫓는 사람들에
게 추운 겨울은 북극광을 볼 확률이 가장 높은 계절이다.

스트로커 간헐천이 분출한다.

아이슬란드에서 인기 있는 여행 트레일은 지금까지 많은 사람이 다녀갔으며, 충분히 그럴 만한 이유가 있다. 조금 더 모험심이 있는 사람이라면 더 많은 보물을 발견하게 될 것이다.

【남부】

레이캬비크는 빙하, 온천, 검은 모래 해안과 국립공원이 기다리는 남부 지방으로 가는 관문으로, 전부 다 레이캬비크에서 차로 2시간 거리에 있다. 관광객 대부분은 골든 서클로 알려

굴포스 폭포

진 모든 곳과 연결된 트레일을 방문한다. 세 부분으로 구성된 이 트레일에서 가장 가까운 곳은 씽벨리어 국립공원으로 930년 아이슬란드의 민주주의와 세계 최초의 의회 '알씽'의 탄생지이다. 유네스코 세계 문화유산으로 등재된 이 공원은 북미와 유라시아 지각 사이의 경계선인 중부 대서양 릿지로 알려진 골짜기에 있다. 지구상에서 유일하게 땅 위에서 볼 수 있는 릿지이다. 이 지각은 연간 2cm씩 계속 멀어지고 있으며, 이로 인해 화산활동을 일으키고 있다. 씽벨리어 국립공원은 인기 많은 스쿠버 다이빙 장소로 실프라와 다비스캬라는 지각의 균열을 탐험할 수 있다. 실프라는 아이슬란드 최고의 다이빙 장소로 여겨지며, 수정같이 깨끗하고 투명하며 물속의 모습은 장관을 이룬다. 관심 있는 사람들을 위해 많은 여행사가 다이빙 상품을 취급하고 있지만, 체험하려면 다이빙 자격이 필요하다(다이빙 강사의 서면 인증을 통해 드라이슈트 다이빙 인증 또는 과거 2년 이내 드라이슈트 다이빙 10회 기록으로 확인한다).

씽벨리어에서 골든 서클의 다음 기착지인 게이시르 지열지대까지는 차로 50분이 걸리며, 게이시르 지열지대 자체만으로도 훌륭한 경험이 된다. 그곳에 있는 하우카달루 계곡의 풍경은 김이 모락모락 나는 화산 분기공과 부글부글 끓는 진흙 구

덩이가 박혀 있으며, 전체 지역이 화산활동으로 살아 있는 듯 하다. 게이시르는 지각까지 깊이 연결된 지표면에 튜브처럼 생긴 구멍들이다. 구멍을 채우는 물은 녹은 마그마로 가열된다. 온도가 올라가면서, 물은 온도가 섭씨 100도로 떨어지기 전까지 계속해서 공기 중으로 솟아오른다. 사람들이 보러 가는 주요한 게이시르 2곳이 있다. 모든 간헐천을 대표하는 이름이 된 게이시르(고대 노르드족의 단어로 '솟구치다' 또는 '흐르다'를 의미한다)와 5분에서 10분 단위로 상공 30미터 높이로 솟구치는 작은 간헐천인 스트로쿠르가 있다. 게이시르는 최근 수십 년간 대체로 휴면 상태에 놓여 있지만, 일단 분출하면 장관을 이룬다. 2000년에는 상공 122m 높이까지 물기둥이 분출했다. 그곳에 가면, 코눙스베르konungshver와 블레시Blesi에 있는 눈에 띄게 푸른 빛의 온천수를 찾아보자. 짙은 푸른빛을 띠는 이유는 이산화규소 함량이 높기 때문이다.

골든 서클에서 마지막 기착지는 굴포스 폭포로, 게이시르에서 차로 10분 거리에 있다. 굴포스 폭포가 위치한 웅장한 계곡에는 멀리서 랭요쿨 빙하의 빙벽까지 전부 다 볼 수 있다. 이 빙하에서 나온 유출수가 땅속 수로를 통해 흐비타강과 씽벨리어 호수와 게이시르의 온천을 채운다. 여름철에는 2개의 폭포에서 물보라가 공중으로 퍼지면서 태양광선을 만나 기분 좋은 무지갯빛의 박무를 만든다. 겨울철에는 칼바람이 불지만, 조류에 따라 커다란 빙하 덩어리가 움직이다가 충돌해서 몹시 추운 심연으로 들어가는 모습을 볼 수 있다.

남부 지역에서 가볼 만한 또 다른 장소와 활동으로는 베스트만 제독과 플루디르에 있는 시크릿라군(아이슬란드에서 가장 오래된 수영장)의 따뜻한 지열 온천수에서 수영하기, 거대한 랭요쿨 빙하에서 설상차 타기가 있다.

· 화산 ·

아이슬란드 남부 지방을 설명하려면 화산을 빼놓을 수 없다. 그중에서도 카틀라 화산, 에야피얏라흐요쿨 화산, 헤클라 화산이 가장 유명하다. 미르달스예퀴들 빙하 아래 묻힌 카틀라는 아이슬란드에서 가장 활발하게 활동하는 화산 중하나이다. 지난 천 년 동안 40년에서 80년 주기로 폭발하고 있으며, 마지막으로 1918년에 분출했기 때문에, 분출할 시점이 훨씬 지났다. 지진 활동을 보면 추가로 분출할 가능성이 크지만, 아이슬란드에는 걱정하는 분위기가 없다. 지역민을 위해 교육과 함께 대피 훈련을 정기적으로 실시하고 있으며, 상세한 대피 계획이 수립되어 있다. 과거 200년 동안 화산활동으로 사망한 사람은 단한 명도 없다는 점이 주목할 만하다. 사람들은 준비가 되었다고 느끼기 때문에 무서워하지 않는다. 그러나 카틀라의 다음번 폭발로 인한 파괴를 걱정하고 있다. 1918년 카틀라가 마지막으로 폭발했을 때는 2010년 에야피얏라흐요쿨 화산 폭발의 5배에 달하는 용암이 분출되었다. 당시 에야피얏라흐요쿨 화산 폭발로 화산재 구름이 상공으로 9km나 솟아올라, 유럽연합 15개 국가의 공항이 폐쇄되었다.

그러나 모든 상황이 나쁜 것은 아니었다. 2008년 경제 침체기에 이어 아이슬란드 관광 산업의 종말이라고 우려한 사람이 많았지만, 오히려 전환점이 되었다. 나쁜 홍보는 없다는 옛말을 다시금 입증하면서, 화산 폭발과 뒤따른 수많은 뉴스는 아이슬란드의 어려운 경제 회생의 실질적인 역할을 한 관광 산업에 새 호황기를 가져온 중요한 촉매제가 되었다.

　아이슬란드 남부 지역에서 유명한 화산을 헤클라로 지역 주민은 "지옥으로 가는 관문"이라고 애정을 담아 부른다. 지난 세기에 헤클라는 전 세계에서 최대량의 용암을 분출했다. 2000년에 마지막으로 분출한 헤클라에서 지질학자들은 새로운 사실을 발견했다. 그들은 화산 현상 중 가장 위험하다고 여겨지며, 헤클라가 속한 화산 등급에서는 있을 수 없다고 믿었던 밀도 높게 빠르게 움직이는 용암, 화산재, 뜨거운 가스의 흐름으로 약 5km의 지층 쇄설류가 나타난다는 사실을 발견했다. 그 광경을 보기 위해 근처까지 모여들었던 호기심 많은 사람은 녹은 땅속 용암에 빠지지 않으려면 이제는 훨씬 멀리 떨어져 있어야만 한다. 그러나 헤클라의 경사면은 훌륭한 등산 코스로 여전히 사람들이 이용하고 있다.

【동부】

아이슬란드의 동부지방은 현지에서 '오스터란드'로 불리며, 남부 지방보다 여행객이 훨씬 적다. 레이캬비크에서 에이일스타디르 마을까지 국내선으로 또는 페리나 버스 또는 링로드를 하루 동안 운전해서 여행하고 싶은 사람이라면 놀라운 풍경

을 만나게 되며, 수없이 다양한 활동에 참여할 수 있다. 이 지역은 아이슬란드에서 가장 큰 숲이자 유럽에서 가장 거대한 야생지역이 있는 곳으로, 전 국토의 10%를 덮는 빙하가 있다.

　국내선을 타고 에이일스타디르에 도착한 사람들은 그 마을의 호수에서 눈을 떼지 말자. 이곳은 '라가르플요트'로 알려진 거대하고 뱀 같이 생긴 생물체가 강 깊은 곳에 산다고 알려져 있다. 이 호수에 사는 놀라운 존재에 대한 이야기가 나와서 말인데, 14세기에도 아이슬란드에 이 생명체가 등장했으며, 카메

바트나이외쿠틀 국립공원의 많은 아름다운 빙하동굴 중 한 곳

라에 찍히게 된 2012년 전에도 이 신화적인 생명체는 계속 목
격되었다. 믿지 않는 사람은 유튜브에 있는 목격 장면을 살펴
보기 바란다.

에이일스타디르에서 남서쪽으로 25km 떨어진 곳을 여행하
면, 할롬스스타다스코귀르 숲에 도달하게 된다. 인간이 정착하
기 전에 아이슬란드 땅덩어리의 약 40%는 대부분 자작나무
숲으로 덮여 있었던 것으로 추정된다. 그러나 모든 산업사회가
그렇듯이 인간의 서식, 가축 사육, 경작으로 인해 산림이 거의

파괴되었다. 특히 자작나무는 아이슬란드에서 전통적으로 땔감과 동물의 사료와 건축자재로 중요했다. 현지인들의 노력으로 1950년대 이후 숲은 4배 가까이 늘어났다. 할롬스타다스코귀르는 이제 약 7.4km² 정도는 나무가 우거져 있으며, 연중 내내 까마귀, 홍방울새, 굴뚝새, 상모솔새가 살고 있으며, 철새 개똥지빠귀, 멧도요, 밭종다리가 머무는 서식지이다. 하천의 물은 그냥 마실 수 있으며, 등산을 즐기는 사람을 위해 표시가 잘된 40km 길이의 트레일과 수영장이 있는 캠핑장이 있다.

이 모든 곳에서 벗어나고 싶은 사람이라면, 유럽에서 가장 넓은 야생지역으로 가는 여행이 적합할 것이다. 할롬스타다스코귀르 남서쪽으로 차로 30분 거리에 있는 야생센터는 북유럽에서 가장 광활한 고산지인 이 지역에서 승마, 낚시, 등산과 거센 빙하 강을 가로지르는 케이블카를 비롯한 다양한 활동을 즐기는 완벽한 기지가 될 수 있다. 야생센터는 농가를 개조한 건물에 있으며, 숙박과 식사를 할 수 있고, 뜨거운 수영장과 사우나와 작은 박물관이 있다.

계속해서 남서쪽으로 내려가면 유네스코 세계유산이자 자연을 사랑하는 사람들의 천국인 바트나이외쿠틀 국립공원이 있다. 이곳은 아이슬란드의 국립공원 3곳 중 하나로 아이슬란드 국토의 14%를 차지한다. 국립공원 안에는 화산, 빙하, 폭포, 얼음동굴과 다양한 난이도의 끝없는 하이킹 트레일이 있다. 바트나이외쿠틀 빙하는 유럽 최대 규모로, 빙하의 윗부분은 우주에서도 보일 정도이다. 빙하 깊숙이 아래에는 산과 호수, 심지어 빙하화산이 8개가 있으며, 이처럼 극단적인 현상이 존재하는 아이슬란드는 '불과 얼음의 땅'이라는 별명을 얻었다. 국립공원의 여러 지역에는 7곳의 관광센터가 있으며, 지역 노선, 활동, 숙소 등에 대한 정보를 얻을 수 있다. 전부 다 링로드에서도 접근할 수 있다.

【북부】

거센 폭포, 웅장한 산, 숲으로 뒤덮인 협곡, 물고기가 많은 호수가 있는 아이슬란드 북부지역은 많은 이점을 가지고 있다. 아이슬란드 최고의 스키장이 여러 곳 있으며, 스키 리조트 6개가 북부지역에 흩어져 있다. 레이캬비크에서 차로 6~7시간 운전한 사람들은 실망하지 않을 것이다. 레이캬비크에서 비행기를 타고 북부지역의 활기찬 도시 아퀴레이리에 도착한다. 아퀴레이리 공항은 그림시 섬, 후사비크, 보프나피오르를 비롯해 북부지역의 다른 공항들과 연결되어 있다.

남부 지역만큼 인기가 많지는 않지만 아이슬란드 북부지역은 다이아몬드 서클로 알려진 북부지역만의 보석들로 이루어져 있으며, 훨씬 더 인적이 드물다는 장점이 추가로 있다. 그중한 곳이 데티포스 폭포로 아이슬란드에서 가장 강력한 폭포이다. 바트나이외쿠틀 빙하에서 흘러나온 물이 요쿨사아플룸강을 따라 그린란드해까지 흐른다. 데티포스 폭포는 높이 40m 폭 100m의 폭포로 차가운 빙하 유출수가 떨어져 장관을 이룬다. 폭포는 링로드에서 862번과 85번 도로를 통해 도착할수 있다. 사륜구동으로 여행 중인 사람들은 864번 도로를 통해 비포장도로를 통과하면 폭포의 동쪽으로 접근할 수 있으며, 폭포수의 운무와 물보라가 이는 폭포의 서쪽에서 보는 광경보다 더 멋진 광경을 볼 수 있다.

다이아몬드 서클의 다른 기착지로는 새, 물고기, 마법 같은 지리적 활동이 풍부한 습지대인 아쿠레이리에서 약 한 시간 정도 되는 곳에 있는 미바튼 호수가 있다. 미바튼은 아이슬란드어로 각다귀라는 뜻으로, 그 지역에는 각다귀가 많다. 다행히 각다귀는 물지 않고 성가실 뿐이다. 이 지역은 훌륭한 하이킹 트레일과 미바튼 지열 자연온천이 있어 지친 다리를 쉬어가기에 완벽한 장소이다. 이 트레일에서 가볼 만한 또 다른 장

후사비크에서의 고래 관찰

소로는 말발굽 모양으로 숲에 덮인 아스뷔르기 협곡이 있다. 전설에 따르면, 이 협곡은 노르드의 신 오딘의 다리 8개 달린 말이 하늘을 가로질러 가다가 말발굽 하나가 땅에 닿으면서 만들어졌다고 한다. 해안 마을 후사비크에 들러 그린란드 해 다양한 종의 고래, 돌고래, 바닷새들이 노는 모습을 지켜보자.

아이슬란드에서 최고의 스키장은 북부지역에 있다. 아퀴레이리에서 북쪽으로 5km 떨어진 곳에 있는 할리다르프 스키 리조트가 가장 유명하며, 11월부터 5월까지 개장한다. 각각의 실력에 맞는 스키 슬로프가 있으며, 처음 스키나 스노보드를 타는 사람을 도와줄 강사도 있다.

【웨스트피오르】

웨스트피오르 반도는 아이슬란드에서 가장 여행객이 드문 지역으로, 가장 멀리 떨어져 있다. 광활하고 아름다운 자연경관을 보면 마음이 겸허해지며, 주요 서클에서는 어디를 가든 볼 수 있던 관광객으로 가득 찬 버스나 심지어는 다른 차조차 보이지 않는다. 그러나 이 지역은 다른 지역보다 탐방하는 데 시간이 더 많이 필요해 최소 3일은 걸리며, 폭넓게 계획을 세우는 것이 좋다. 편의시설과 명소 사이는 오랫동안 운전을 해야 하지만, 명소의 광경을 보면 충분히 보상되고도 남는다. 이곳에서 여행도 경험의 큰 부분을 차지한다.

자동차, 버스, 페리 또는 비행기로 웨스트피오르에 갈 수 있다. 최근에 주요 도로가 크게 개선되었다. 이제 도로 대부분은 포장이 되었지만, 명소에 가기 위해 거쳐야 하는 작은 도로 상당 부분은 비포장도로이므로 사륜구동을 추천한다. 주요 도로는 겨울철에 잘 관리되지만, 이 지역에서 멀리까지 여행하려면 따뜻한 5월부터 10월까지로 제한된다.

전체 반도에는 7천 명밖에 살지 않으며, 대부분은 이 지역의 수도인 이사피외르뒤르에 살고 있다. 17세기 이후 교역소로 사용된 이곳의 경제는 오늘날 어업과 그곳을 방문하는 소수의 관광객에 의존하고 있다. 아이슬란드에서 가장 인기 있는 록 페스티발인 '나는 남쪽에 가본 적이 없다'을 개최하며, 이 페스티벌은 부활절에 열린다.

주요 장소로는 북극여우의 서식지인 혼스트란디르 자연보호구역이 있다. 이곳에서 하이킹하면, 호기심 많은 북극여우를 가까이서 볼 수 있으며, 북극여우는 보호를 받고 있어서 사람을 무서워하지 않으며, 사람들이 먹는 음식을 얻어먹으려고 한다. 보호구역 해안절벽에는 매년 여름마다 수백만 마리의 새가 둥지를 틀고 있으며 그중에는 퍼핀, 북방가넷, 큰부리바라오리, 바다쇠오리, 바다오리, 세가락갈매기들이 있다. 아이슬란드의 다른 지역과 마찬가지로, 공원의 모든 천연수는 마셔도 안전하다. 방문하기에 가장 좋은 달은 6월, 7월, 8월이며, 겨울철에는 이 보호구역을 전면 통제한다.

이 지역에서 방문하기 좋은 다른 장소로는 우뚝 솟은 딘안디 폭포가 있다. 많은 현지인은 이 폭포를 아이슬란드에서 가장 좋아하는 폭포로 꼽으며, 보면 그 이유를 충분히 알 수 있다. 높이 100m가 넘는 이 폭포는 총 7개의 바위층을 따라 물이 흘러내린다. 맑은 날 썰물 때 라우다산두르의 남쪽 해변을 방문하면 주변의 검은 절벽을 배경으로 6km에 달하는 오렌지색 붉은 빛깔의 모래가 모습을 드러낸다. 운전해서 보러 갈 가치가 충분하다!

안전

아이슬란드는 여행하기에 특히 안전한 나라이다. 범죄는 아주 드물며, 심각한 범죄는 더욱 드물다. 너무나도 안전하다 보니 12년 연속 세계에서 가장 평화로운 나라로 꼽히고 있다. 외지인의 눈에는 특별할 게 없지만, 아이슬란드의 수도 레이캬비크와 하프나르피외르뒤르와 가르다바이르는 가장 '재미있는' 도시라고 말할 수 있다. 그날에 어떤 '재미있는 일'이 있었는지 알고 싶다면, 레이캬비크 경찰이 매일 처리한 주목할 만한 사건 범죄 발표를 살펴보자. 아이슬란드에는 군대가 없으며, 사법경찰은 후추 스프레이 외에는 무기를 소지하지 않고 있다. 아이슬란드의 특공대인 바이킹 스쿼드만 무기를 소지하며 1982년 창설 이후, 단 한 발의 총알만 발사된 적이 있다.

아이슬란드에서 여행객들이 처하는 위험은 거주민이 아닌 무서운 자연환경 때문이다. 산사태와 화산 폭발 사이에서 날씨는 극을 달리며, 변덕스럽기로 유명하고, 고지대가 특히 심하다. 사람들은 언제든 무방비 상태로 당할 수 있으며, 기온이 갑자기 떨어지고, 눈 폭풍이 갑자기 나타난다. "날씨가 싫으면, 5분만 기다려라"라는 말이 있을 정도로 변화무쌍한 날씨를 보인다. 연중 어느 때를 방문하더라도 항상 따뜻한 옷 여러 겹과 외투를 챙겨갈 것을 충고한다. 항상 외출 전에는 일기예보를 확인하자.

　　아이슬란드에서 여행할 때 만날 수 있는 일반적인 문제들과 이런 문제를 피하는 방법은 다음과 같다.

【 도로에서 】

아이슬란드에서 여행객이 겪게 되는 대부분의 작은 사건들은 도로에서 발생한다. 운전하면 도로가 젖어 있거나 얼었을 때 더 위험하다. 고산지와 겨울철에 특히 위험하다. 주요 도로에서는 시속 90km의 속도 제한을 최대한 지키며, 기상 조건에 따라 주행 속도를 조절할 준비를 해야 한다. 운전하기 전에 www.safetravel.is 에서 여행 상황을 확인하고, 여행 일정을 공유해 필요한 경우 구조대가 어디에서 여러분을 찾을 수 있는지를 알려준다.

도로에서 풍경을 감상하거나 사진을 찍기 위해 절대로 멈추지 말자. 차를 길가에 주차하거나 주기적인 간격으로 발견할 수 있는 지정된 관람 장소에서 차를 멈추자.

고지대 도로는 사륜구동 차량이 필요하며, 겨울철에는 폐쇄된다. 이 도로에서는 흙길이 일반적이며, 연중 어느 때라도 초보 운전자가 운전하기에는 적합하지 않다. 흙길을 주행할 때는 제어하기 쉽지 않으므로 시속 40km 이하로 속도를 유지하자.

또한 다리가 없는 곳에서는 강의 얕은 부분으로 건너야 한다. 강에 도달하면 건너기 전에 경로를 미리 계획하자. 물이 가장 얕아 보이는 지점을 파악하자. 보통은 구불구불 강물이 흐르는 지점이 얕다. 천천히 시속 5km의 일정한 속도로 운전하자. 저단 기어를 유지하며, 건너는 중간에는 기어를 바꾸지 말자. 물의 흐름에 반대로 운전하지 말자. 흐름에 반대로 주행하면 엔진에 손상이 갈 확률이 높아진다. 자세한 정보가 있는지 강둑의 표지판을 찾아보자.

재, 모래, 자갈과 같은 추가 보험을 추천한다.

앞서 설명했듯이, 주유소는 드물며 멀다. 항상 차에 기름을 가득 채우고, 지불카드의 핀번호를 준비하자. 주유소 직원들은 이 방식으로만 유류비를 받는다. 만일 여러분 카드의 핀번호가 준비되어 있지 않다면, 출발하기 전에 주유소나 슈퍼마켓에서 선불카드를 구매하자. 차 고장은 절대로 유쾌한 경험이 아니며, 특히 춥고 도움받기까지 시간이 오래 걸린다면 더욱 그렇다. 차에는 따뜻한 체온을 유지하기 위해 항상 여벌의 옷가지와 식량을 준비하자. 노르드 신에게 안전을 기도하자. 비상시 도움이 필요하면 영어로 112에 전화하자.

【 해안 】

아이슬란드에서 인기 많은 해안의 파도는 변덕스럽고 예측하기 힘들다. 암류가 매우 강하며, 겨울철 바닷물은 얼음장같이 차갑다. 물속에 잠깐만 있어도 저체온증이 나타날 수 있다. 오판하거나 미처 파도를 보지 못하고 파도에 휩쓸려 비극적으로 목숨을 잃은 관광객들이 많다. 특히 위험한 지점은 레이니스파라에 있는 인기 있는 검은 모래 해안이다. 날씨가 잠잠해 보여도 절대 모험하지 말자. 경고 없이 갑자기 파도가 기습적으로 몰려올 수 있다. 물에서 떨어져 있자. 오랫동안 파도를 등지고 서 있지도 말자.

【 빙산과 라군 】

아이슬란드에서 많은 사고는 사람들이 하지 말아야 할 일을 해서 생긴다. 사람들은 경고 표지판이 있으므로 그런 행동을 하지 말아야 한다는 사실을 인지하고 있다. 한 가지 예로 바트나이외쿠틀 국립공원의 남쪽 끝에 있는 요쿨살론 빙하 라군에서 빙판 위에 돌아다녀서는 안 된다. 그러나 한 번씩 여행객은 표지판을 무시하고 얼음 위를 돌아다니는 일이 발생한다. 그러면 잠시 뒤, 그가 걸어 다닌 빙하가 안전한 해안에서 떨어져 차가운 빙하수에 떠내려가는 일이 발생한다. 그러면 그 사람의 무게를 견디지 못한 빙하가 뒤집혀 얼음덩어리 밑에 갇히는 일이 발생할 수 있다. 즉 표시판에 주의하며, 길에서 벗어나지 말고, 얼음 가까이 가지 말자.

경계해야 할 다른 장소로는 주변 진흙이 매우 부드러워 무너질 수 있거나 갑자기 펄펄 끓는 뜨거운 물이 폭발할 수 있는 지열 구멍이 있다. 벼랑 끝 같은 곳에서는 강풍이 위험하다. 거대한 트럭이 도로에서 바람에 날아가며, 사람들이 쉽게 균형을 잃고 날려갈 수 있다. 가이드 없이 빙하나 빙하동굴을 탐사

하는 것도 위험천만한 행동이다.

기본적인 수준의 지식과 이해도와 자연의 위력을 건강한 정도로 존중한다면, 당신의 아이슬란드 여행은 문제없이 안전할 것이다.

08

비즈니스 현황

모든 분야에서 아이슬란드의 인력은 교육 수준이 높으며 적응력이 뛰어나다. 또한 기반시설
도 믿을 수 있다. 국민의 90% 이상이 광대역 인터넷을 사용하며, 높은 수준의 영어를 널리
구사하고 있다. 기업가를 장려하며, 정부는 2008년 경제 위기에서 회복할 수 있었던 주요 동
력으로 인식했던 해외투자 유지를 위해 장벽을 없애는 등 많은 전략에 투자하고 있다.

아이슬란드의 경제는 어업, 제조업(주로 알루미늄과 실리콘 생산)과 관광이라는 3가지 주요 산업에 의존하고 있다. 2020년 코로나 바이러스 발발로 2010년부터 2019년까지 거의 400%의 성장률을 보인 아이슬란드 관광 산업에 큰 타격을 입혔다.

아이슬란드의 실업률은 최근에 2.9%로 낮았지만, 코로나의 여파로 상승했다. 그러나 코로나가 장기적으로 실업률에 미치는 영향을 지켜볼 필요가 있다. 관광 산업은 때가 되면 회복되겠지만, 다른 분야들이 전면으로 대두되고 있으며, 그중에는 데이터 센터, 해조류 양식과 바이오 기술과 제약과 같은 생명 과학 산업과 통신과 같은 산업이 발전하고 있다.

모든 분야에 걸쳐서 아이슬란드의 인력은 교육 수준이 높으며 적응력이 뛰어나다. 또한 기반시설도 믿을 수 있다. 국민의 90% 이상이 광대역 인터넷을 사용하며, 높은 수준의 영어를 널리 구사하고 있다. 기업가를 장려하며, 정부는 2008년 경제 위기에서 회복할 수 있었던 주요 동력으로 인식했던 해외 투자 유지를 위해 장벽을 없애는 많은 전략에 투자하고 있다. 아이슬란드의 규모를 생각하면 정부기관과 공공기관에 접근하는 것이 비교적 쉽다. 시장 주도형 경쟁을 높이 평가하며, 공정 경쟁의 개념도 높이 평가한다. 일반적으로 아이슬란드의 비

즈니스 예절은 이 장에서 다룰 가장 중요한 몇 가지 차이점을
빼고는 다른 서유럽 국가들과 비슷하다.

아이슬란드의 직업윤리

아이슬란드인은 일을 회피하지 않는다. 6장에서 말했듯이, 다른 유럽 국가보다 주당 근무시간이 더 많다. 주 40시간 근무가 법정한도이지만, 초과근무는 일상적이며, 주당 45시간 근무가 평균적이다. 아이슬란드에서 노동은 어린 나이부터 시작한다. 많은 어린이는 10대 초반부터 여름철에 일하며, 15세가 되면 학업을 하면서 연중 내내 시간제로 일한다. 이런 근면성은 어른이 되어서도 줄어들지 않는다. 아이슬란드의 퇴직 나이는 남녀 모두 67세이지만 67세가 넘어서도 계속 일을 하며, 70대까지 계속 일을 한다.

　많은 아이슬란드인이 지적하듯이, 장시간 근무한다고 생산성이 높은 것은 아니다. 주당 근무시간 단축을 찬성하는 사람들은 근무시간을 단축하면 전반적으로 생산성을 늘어나고, 근로자가 근무하면서 겪는 상당한 스트레스와 압박감이 줄어들

것이라고 주장한다.

아이슬란드 근무 습관의 원인을 찾는 사람은 아이슬란드의 역사를 살펴보기 바란다. 아이슬란드의 초기 정착민은 몹시 힘들고 무자비한 환경에서 열심히 일해 성공하고 살아남을 수 있었다. 역사적으로 아이슬란드의 주요 산업인 어업은 극도로 노동집약적인 산업으로 장시간 노동이 필요하다. 이러한 조건이 오늘날에도 필요한지는 지속적인 논쟁의 대상이 되고 있지만, 오랜 습관은 쉽게 사라지지 않으며 사회 전반적으로 여전히 높이 평가된다.

아이슬란드의 역사와 척박한 자연환경은 아이슬란드의 근무와 관련한 다른 2가지 특징을 이해할 수 있는 단서가 된다. 독립성과 자립심을 중시한다. 두 특징은 독특한 관리 모델로, 다음에서 논의할 팀워크와 위험과 관련한 문제들을 제기한다.

노동조합

아이슬란드에서는 직장인 대다수는 노조에 소속되어 있다. 노조 가입률은 79%이다. OECD 평균인 17%와 비교해보면 이 수치가 얼마나 높은지 알 수 있다. 대부분 고용계약은 노조와 산업에 따라 단체임금협약을 기준으로 한다. 단체임금협약은 필요한 근무조건, 근무시간, 임금, 휴일 등을 규정한다.

아이슬란드 대학이 실시한 최근의 설문조사에 따르면, 노동 시장에서 노조의 권리를 보호하든, 노조원을 대신해 임금 및 고용 조건을 협상하든 전문적인 노조의 역할을 크게 지지하는 것으로 나타났다. 87%의 아이슬란드인은 노동자의 권리를 보호하기 위해 강력한 노조가 필요하다고 동의했으며, 불과 5%만이 강한 노조는 전체 경제에 피해를 준다고 대답했다. 이처럼 노동시장에서 노조의 위치는 안정적이며 영원히 지속될 가능성이 크다.

노조원이 고용주와 분쟁을 하는 상황에서 법적인 서비스를 제공한다. 뿐만 아니라 대부분 노조는 노조원이 아프거나 추가 교육을 통해 기술을 보완하고자 하면, 노조원을 지원하기 위한 기금도 운용하고 있다.

양성평등

아이슬란드 전체 사회와 마찬가지로, 아이슬란드 직장에서도 성평등을 적극적으로 추구하고 있다. 물론 아직 해결해야 할 문제들이 있지만, 큰 노력을 기울이고 있다. 오늘날 아이슬란드는 세계에서 모든 주요 지표에 걸쳐 양성평등 부분에서 최고 국가 중 한 곳으로 꼽히고 있으며, 자주 1위를 차지한다. 예를 들어 학업 성취도 면에서 대학 졸업자의 60% 이상이 여성이며, 석사 학위는 70% 이상이 여성이다. 오히려 여성들의 고등 교육 참여율이 높아지면서, 남성들의 참여율이 사상 최저 수준을 기록하고 있어 우려스럽다.

비즈니스에서도 여성 참여율이 높아지고 있다. MBA와 같은 비즈니스 관련 과목을 공부하려면 반드시 거쳐야 하는 GMAT 경영대학원 입학시험 응시자의 절반 이상이 여성이다. 지난 10년간 여성 임원의 수도 눈에 띄게 증가했다. 2020년 경영진 43%는 여성이 차지했으며, 모든 기업 이사회에서 40%는 여성 이사로 채워야 한다는 의무 규정도 있다. 현재 모든 아이슬란드 의회 의원석의 45%는 여성이 차지하고 있으며, 비그디스 핀보가도티르가 1980년 대통령으로 당선되면서 여성이 국

2020년 카트린 야곱스도띠르 아이슬란드 총리

가수반인 세계 최초의 민주국가가 되었다(43페이지 참고).

아이슬란드 직장에서 아직 남아 있는 장애물 중 하나는 남녀의 임금 격차로 산업에 따라 다르지만, 대략 14% 정도의 임금 격차가 존재한다. 참고로 2020년 미국의 남녀 임금 격차는 19%였으며, 미국과 비교했을 때 상대적으로 임금 격차가 심하지는 않다. 그러나 많은 아이슬란드인은 임금 격차가 완전히 사라지길 바라므로, 아이슬란드 정부는 이 수치를 더욱 낮추기 위해 노력하고 있다. 2018년 25인 이상 고용인을 둔 사업장은 동일임금 관리 기준을 통해 남녀가 동등한 임금을 받고 있다는 사실을 입증해야 하며, 동일임금 규정을 준수한 기업에는 인증서를 발행한다. 2020년 인증서 취득은 의무사항이 되었고, 인증서가 없는 기업은 매일 벌금이 발생한다. 또한 정부는 2020년 말까지 임금 격차를 완전히 철폐하겠다고 약속했다.

소통과 옷차림

비즈니스 환경에서 아이슬란드인의 소통 방식은 회사 밖에서의 소통 방식과 상당히 비슷하다. 즉, 격식이 없고 직설적이다. 일반적으로 아이슬란드인은 잡담에는 별로 관심이 없으며, 대화할 때는 주제에서 크게 벗어나지 않는다. 즐거운 말로 대화를 시작하는 것도 분명히 수용되지만, 비즈니스를 시작 전에 나누는 사전 대화가 관계를 형성하는 데 중요하다고 생각하는 중동이나 동아시아 지역만큼 길게 대화를 나누어서는 안 된다. 아이슬란드에서는 솔직함이 중요하며, 신뢰는 능력과 신뢰성을 통해 구축된다.

아이슬란드 동료와 비즈니스 상대방을 부를 때는 아무리 나이가 많더라도 이름으로 부른다. 직급에 상관없이 Mr., Miss, Mrs.에 성을 붙여서 부르는 방식은 일반적이지 않다. 많은 아이슬란드인은 자국이 사회적 계급이라는 재앙이 없고, 계급이 없는 유토피아라고 생각한다. 이런 생각에 반박하는 사람도 많지만, 이것이 사실이든 아니든, 아이슬란드인은 계급이나 연공서열의 상징이나 개념에 잘 반응하지 않는다는 점은 사실이다. 이런 이유로 최초의 바이킹 정착민은 노르웨이에서 피난을 왔고, 수 세기에 걸쳐 외세의 지배를 받았지만, 독립을 절대로 포기하지 않았으며, 아직도 EU에 속하지 않고 있다. 따라서 아이슬란드 직장은 매우 평등하며, 동료 간에 대화에도 이런 모습이 반영되어 있다.

아이슬란드인은 외모에서도 자부심을 느낀다. 직장에서의 옷차림도 비즈니스, 금융, 정부 분야는 보통 스마트하게 옷을 입으며, 광고, 디자인, 서비스 분야는 격식 없이 옷을 입는 등 산업에 따라 다양하다. 남성은 대부분은 정장 바지, 셔츠, 재킷을 입으며, 중요한 회의에는 넥타이와 구두를 신는다. 여성의 경우 맞춤 바지나 치마와 상의 또는 원피스가 적절하다.

경영 스타일

앞서 본 것처럼, 아이슬란드인은 공공연한 위계질서를 좋아하지 않으므로, 고압적인 상부 하달식 경영 스타일은 통하지 않는다. 아이슬란드 관리자는 이 점을 잘 알고 있으며, 그들의 경영 방식은 권력의 분배와 업무의 위임, 솔선수범, 낙관적인 태도, 일에 대한 열정을 특징으로 한다. 이들은 문제가 발생하면 독특하고 창의적인 해결 방법을 생각하는 재능이 있다. 아이슬란드 경영진은 불확실성을 편하게 여긴다. '다 잘될 거야'와 '낚시 철 정신(2장 참고)'라는 개념으로 신속한 의사결정과 빠른 행동을 장려하지만, 그렇다고 해서 항상 긍정적인 결과로 이어지는 것은 아니다. 위험을 좋아하는 태도로 인해 부주의하고 현실성 없는 목표를 세울 수도 있다.

팀워크

아이슬란드인은 훌륭한 팀 플레이어는 아니라는 말이 있다. 앞서 살펴보았듯이, 아이슬란드인에게 독립이 최고의 가치이다. 그러나 힘든 자연환경으로 사람들은 조화롭게 일하는 것이 중요하다는 것을 배웠고, 그렇게 해야만 모두에게 좋다는 것을 배웠다. 따라서 팀워크는 결코 생소한 개념은 아니지만, 상호 신뢰와 존중에 달려 있다. 친근한 행동, 긍정적인 태도, 능력, 솔선수범을 통해 상호 신뢰와 존중을 얻는다. 천성적으로 평등한 팀의 모든 구성원은 나이나 직급과 관계없이 의견을 나누고 우려하는 바를 말할 수 있길 기대한다. 팀 리더와 관리자가 최종 결정권을 갖지만, 의사결정 과정에 전원 참여하는 것이 중요하며, 모두가 참여하지 못한다면 불만이 쌓이게 될 것이다.

일단 결정이 내려지면, 일반적으로 직원들에게 경영진의 불필요한 간섭 없이 업무를 마무리할 수 있는 충분한 책임을 위임한다. 촘촘하게 관리하는 스타일은 기대하지도 고마워하지도 않는다. 팀의 성공은 모든 구성원에게 중요하며, 각 구성원은 종종 목표 달성을 위해 장시간 일한다.

시간 엄수

북유럽의 이웃 국가들과 달리 아이슬란드인은 시간을 잘 지키기로 유명하지는 않지만, 일반적으로 회의는 정해진 시간에서 5~10분 늦게 시작한다. '다 잘될 거야'라는 확고한 믿음은 모든 일이 만사형통할 것이며, 몇 분 늦는 게 큰일은 아니라는 것을 의미한다. 그러나 여러분이 방문객이고 아이슬란드인 파트너의 신뢰를 얻고자 한다면, 최선을 다해 시간을 엄수해야 한다. 늦을 경우, 상대방에게 문자 메시지를 보내거나 전화를 걸어 미리 알려주면 좋아할 것이다.

회의와 발표

인구가 적은 아이슬란드에는 대부분의 개별 기업은 상대적으로 규모가 작으므로, 회의 석상에 주요 의사결정권자가 참석할 확률이 높다. 일반적으로 회의는 격식이 없고 편안하게 진행되지만, 꼼꼼하게 준비하는 게 아주 중요하다. 회의를 계획할 때는 '25분 전'과 같은 표현이 불러일으킬 수 있는 혼돈을 막기 위해 24시간 시간을 기준으로 회의 시간을 정하자.

회의에 도착하면, 눈을 마주 보면서 하는 힘찬 악수가 남녀 동료 사이에 또는 비즈니스 파트너를 환영하는 인사가 된다. 회의를 마칠 때 한 번 더 악수해야 한다. 회의에 참석한 모든 사람에게 반드시 인사를 하자. 첫 회의에서는 명함을 교환하는 것이 적합하다. 앞서 언급했듯이, 긴 잡담은 본격적인 비즈니스를 하기 전에 불필요하다.

회의는 영어로 진행되며, 통역사는 없다. 아이슬란드에서 대부분 전문직은 영어로 말하고 일한다. 하지만 유머는 첫 회의에서는 최소한만 한다. 아이슬란드인이 유머를 좋아하지 않는 것은 아니지만, 문화적인 언급이 없다면 전달과정에서 의미를 상실할 수 있기 때문이다. 특히 자신을 깎아내리는 유머는 별로 좋아하지 않는다. 앞에서 말한 것처럼, 사람들은 항상 이름을 부르며, 회의에 참석하는 사람은 모두 다 논의에 참여할 수 있다고 기대한다.

발표해야 한다면, 간단하게 요점만 말하는 것이 좋다. 명확하고 순서를 잘 정리해서 간결하게 요점을 말하면 사람들은 발표에 집중하게 된다. 지나치게 빨리 말하거나, 유머를 시도하거나, 복잡한 슬라이드는 반대의 효과를 낳게 된다. 발표하면서 청중의 얼굴이 다소 무표정하다고 느껴져도 의식할 필요가 전혀 없다. 보디랭귀지나 표정을 통해서 듣고 있다는 사실을 표현하지 않을 뿐, 발표 내용에 집중하고 있다. 발표가 끝날 때 제대로 이해하지 못한 사항은 질문을 통해 해결할 기회를 주어야 한다. 아이슬란드는 비즈니스 관계에서 선물을 기대하지는 않는다. 그러나 여러분이 고국에서 가져온 작은 선물을 준다면 고마워할 것이며, 나쁠 것이 없다.

아이슬란드에서 일하기

유럽경제공동체^{EEC}나 유럽자유무역연합^{EFTA}에 속하는 모든 국가의 국민은 최대 3개월까지 허가 없이 아이슬란드에서 일할 수 있으며, 일자리를 찾는다면 아이슬란드에서 최대 6개월 동안 체류할 수 있다. 최장 3개월 동안 체류하려는 사람은 아이슬란드에 도착하면, 아이슬란드 국세청에 연락해 시스템 ID 번호를 부여받고, 필요한 세금카드를 발급받는다. 근무한 지 첫 3개월이 지나서도 체류할 계획이라면, 거주허가증이 필요하다. 3개월 이상 아이슬란드에서 일하고자 하는 사람은 Registers Iceland(www.skra.is)를 통해 A-271 양식을 반드시 제출해야 한다.

유럽경제공동체와 유럽자유무역연합 이외의 국가에서 온 사람이 아이슬란드에서 일하려면 희망하는 체류 기간에 상관없이 노동 허가를 받아야 한다. 노동 허가 신청은 이민국을 통해야 한다.

이민국은 신청서가 모든 요건을 충족시켰다고 판단하면 노동국으로 전달하며, 노동국이 관련 체류 허가증을 발급한다. 허가와 관련한 자세한 사항은 노동국 웹사이트(www.

vinnumalastofnun.is/en/work-permits.)에서 찾을 수 있다.

덴마크, 핀란드, 스웨덴, 노르웨이 시민은 체류 허가 없이 아이슬란드에서 체류하고 일할 수 있다. 오늘날 아이슬란드 노동인구의 19% 정도는 외국인들로, 폴란드 출신이 대부분이다.

09

의사소통

인도유럽어에 속하는 아이슬란드어는 9세기와 10세기에 바이킹 정착민들이 아이슬란드에 처음으로 들여온 북게르만어인 고대 노르드어를 많이 닮았다. 고대 노르드어는 노르웨이, 스웨덴, 덴마크의 스칸디나비안 왕국(스코틀랜드와 북잉글랜드 일부 지역도 포함)에서 사용되었으며, 아이슬란드에 도착한 첫 정착민들은 주로 노르웨이 서부 지역에서 왔으며, 고대 서노르드라 알려진 현지 고대 노르드 방언을 들여왔다.

언어

아이슬란드어는 북유럽 영혼의 창이다. '눈'을 나타내는 단어가 12개가 있으며, '악마'를 의미하는 단어는 적어도 60개가 있으며, '제발'이라는 단어는 하나도 없다. 아이슬란드어는 고대의 언어이자 현대의 언어이다. 인도유럽어에 속하는 아이슬란드어는 9세기와 10세기에 바이킹 정착민들이 아이슬란드에 처음으로 들여온 북게르만어 고대 노르드어를 많이 닮았다. 고대 노르드어는 노르웨이, 스웨덴, 덴마크의 스칸디나비아 왕국(스코틀랜드와 북잉글랜드 일부 지역도 포함)에서 사용되었으며, 아이슬란드에 도착한 첫 정착민들은 주로 노르웨이 서부 지역에서 왔으며, 고대 서노르드라 알려진 현지 고대 노르드 방언을 들여왔다. 놀랍게도 아이슬란드어는 그 이후로 수천 년 동안 그렇게 많이 발전하지 않았으며 어휘, 문법, 통사론, 맞춤법의 상당 부분 유지하고 있다. 이런 이유로 오늘날 아이슬란드인은 이르면 11세기에 쓰인 지문을 읽고 이해할 수 있다. 영어·프랑스어의 현대어로 고대 지문을 읽는 게 불가능하다는 점과는 비교된다.

　아이슬란드 철자는 라틴 문자로 구성되어 있지만, 페로어를

대문자	소문자	발음
A	a	"are" 또는 "arm"처럼 긴 "a" 발음
Æ	æ	"eye"에서 처럼
E	e	"yet"에서 처럼
I	i	"see"에서 처럼
O	o	"oh"에서 처럼
O	o	"urn"에서 처럼
Ð	ð	"weather"에서 유성음 "th"
Y	y	"little"에서 처럼
U	u	"yew"에서처럼
Þ	þ	"thing"에서 무성음 "th"

사용하는 사람들에게는 '세리슬렌스쿠르(séríslenskur, 아이슬란드어에만 존재한다)', 즉 '독특한 아이슬란드어'로 알려진 10개의 추가 문자가 더해졌다. 철자들의 기본 발음은 도표에 정리되어 있다.

'c' 'q' 'w' 같은 철자는 오늘날 외래어에서만 발견되며, 'z'는 1973년에 폐지했다. 그러나 1980년대 말에 피자가 들어오면서 살아났다. 모든 모음은 길거나 짧을 수 있으며, 뒤따라오는 자음에 따라 달라지며, 강세는 거의 항상 단어의 첫 번째 음절에 위치한다. 오늘날 스칸디나비아 언어 중에서 아이슬란드어가 페로어와 노르웨이어를 가장 많이 닮았다. 페로어를 쓰는 사람들은 아이슬란드어를 이해할 수 있다. 비록 억양이 강하다고 불평하긴 하지만, 아이슬란드어를 쓰는 사람도 페로어를 이해할 수 있다. 그러나 노르웨이인 대부분은 이해할 수 없다.

덴마크어가 모든 스칸디나비아 국가에서 공통어였고, 아이슬란드 학교에서 여전히 가르치고 있지만, 이제는 영어가 그 역할을 대신하고 있다. 젊은 아이슬란드인이 구어 영어를 더 잘 구사하고 편안하게 느끼자, 많은 사람들은 아이슬란드어가 점차 소외되면서 영어 사용이 늘어난다고 걱정하고 있다. 12세기 전나무에 휘갈겨 쓴 고대 서사시에 사용된 것과 같은 아이슬란드어는 덴마크 통치 시절 수 세기 동안 국민을 결집하고 차별화시키는 요소로 남아 있었다. 역사와 정체성과 깊은 관계가 있는 아이슬란드어가 사용되지 않아 발생할 일을 우려하는 사람들이 많다. 게다가 영어가 필수이며 아이슬란드어는 거의 사용되지 않는 온라인 중심의 삶으로 빠르게 변화하면서, 아이슬란드어 생존에 더 큰 위협으로 여겨지고 있다. 아이슬란드 언어연구소는 현실에서 다수가 사용하는 언어가 온라인과 디지털 공간에서 소수의 언어로 전락하는 아이슬란드어의 '디지털 소수 언어화'를 막고, 아이슬란드어를 시대에 맞게 적절하게 유지하는 임무를 맡고 있다. 주로 새로운 외래어를 걸러내고, 고대 노르드어에 뿌리를 둔 새로운 아이슬란드어 대안을 만드는 것이다. 수백 년간 식민지배도 성공하지 못했던 일을 신기술이 성공하게 두지 않겠다고 결심한 아이슬란드 언어 연구소는 '컴퓨터'라는 단어로 아이슬란드 단어인 '털라바tölava'와 같은 새로운 단어를 만들었다. tölava는 tala(숫자)와 völva(여성 선지자 또는 예언자)와 같은 어원으로 만들었으며, 문자 그대로 번역하자면 '숫자의 여성 예언자'가 된다. 그 외에도 재미있는 기술 관련 단어로는 텔레비전을 의미하는 단어는 'sjónvarp'로 문자 그대로 번역하자면 '사진 던지는 기계'이며, 무선호출기는 '평화 약탈자'로 번역된다.

아이슬란드어에는 뚜렷한 방언은 없지만 지역별로 차이가 있으며, 말씨가 다르다. 원어민이 아닌 사람이 감지할 수는 없지만, 현지인은 북부 아퀴레이리와 미바튼 호수 주변에서 사용되는 강한 아이슬란드어 노르드렌스카Nordlenska와 남부 지역에서 사용하는 약간 부드러운 아이슬란드어 순렌스카Sunnlenska의 차이를 즉시 알아챌 것이다.

【 아이슬란드어 배우기 】

제2외국어로 아이슬란드어를 배우기로 한 사람들은 보통 언어학자이거나 마조히스트 둘 중 하나다. 아이슬란드어의 문법은 복잡하기로 악명이 높으며, 어지러울 정도로 규칙이 많으며, 규칙의 예외 사항들도 있다. 스칸디나비아 언어 중에서 아이슬란드어는 가장 어려우며, 가장 '보수적'이다. 예를 들어, 여전히 남성, 여성, 중성으로 3가지 성이 여전히 존재한다(덴마크어와 스웨덴어는 성을 두 개로 줄였다). 아이슬란드어에서 명사의 성은 보통 어미에서 추론할 수 있으며, 6가지 주요한 형태가 있다. 더 재미있는 사실은 모든 숫자, 형용사, 대명사는 명사가 지칭하는 성과 일치해야 한다. 능동태, 수동태, 중간태, 이렇게 3가지의 태가 있다. 강한 명사와 약한 명사가 있으며, 독일어와 같이 주격, 속격, 여격, 대격, 4가지가 있지만, 예외가 많아서 복잡하다. 강동사, 약동사, 중첩동사, 불규칙동사로 4가지 동사가 있으며, 각각 수많은 동사 변화가 있다. 여전히 아이슬란드어에 관심이 있나요? 부정관사(a나 an과 같은)는 없는데, 따라서 영어로 말을 하거나 글을 쓸 때, 아이슬란드어를 쓰는 사람이 부정관사를 빠뜨리는 이유를 알 수 있다.

　관심이 있어서 또는 필요해서 아이슬란드어를 습득한 사람은 큰 보상이 따른다고 말할 것이다. 고대어인 아이슬란드어는 놀라운 정도로 풍부하며, 아이슬란드어를 배우게 되면 큰 기쁨을 느낄 수 있다. 당신의 용감한 노력에 대한 현지인들의 반응은 약간의 기쁨을 주는 정도일 것이다. 열심히 노력해서 유창해진 사람들은 다른 게르만어를 배우는 것보다 훨씬 더 어렵지는 않다고 말할 것이다. 온라인에는 관심이 있는 사람들이 활용할 수 있는 리소스가 많으며, 아이슬란드 대학, 아퀴레이리 대학, 레이캬비크 등 여러 도시의 수많은 언어 교육원에서 운영하는 1년 프로그램이나 여름방학 프로그램도 있다. 아이슬란드어의 차가운 물에 발가락을 담그면서 가볍게 아이슬란드어를 배우고 싶은 사람은 복잡한 변화표를 외우기보다 특정 상황에 사용될 수 있는 단어, 문구, 문장을 배우는 편이 더 도움이 된다. 다음 표에 쉽게 입문할 수 있는 기본사항이 정리되어 있다.

영어	아이슬란드어	한국어
Hello	Hæ / Hallo	안녕
Good Day	Goəan daginn	안녕하세요(낮 인사)
What's up?	Hvaə segir þu?	잘 지내?
Good Evening	Goəa kvoldiə	안녕하세요(저녁 인사)
Good Night	Goəa nott	안녕하세요(밤 인사)
Nice to meet you	Gaman aə kynnast þer	만나서 반가워요
What is your name?	Hvaə heitir þu?	이름이 뭐예요?
How are you?	Hvernig hefur þu þaə?	안녕하세요?
Yes	Ja	예
No	Nei	아니오
Good	Goəur (m) Goə (f)	좋은
Bad	Vondur (m) Vond (f)	나쁜
Sorry / Excuse me	Afsakiə / Fyrirgefəu	미안합니다 / 실례합니다
Thank you	Takk	감사합니다
Thank you very much	Takk fyrir	정말 감사합니다
Where is...	Hvar er…	어디에...
How do I get to...	Hvernig kemst eg til…	어떻게 갈 수 있나요
One ticket to..., thanks	Einn miəa til... takk	표 한 장, 감사합니다
I love this	Eg elska þetta	이게 좋아요
Beautiful	Fallegt	아름다운

영어	아이슬란드어	한국어
Delicious	Ljufengt	맛있는
How much?	Hversu mikið	얼마예요?
One beer please	Einn bjor, takk	맥주 한 병 주세요.
Do you accept credit cards?	Takið þið við kritarkortum?	신용카드 되나요?
Where is the restroom?	Hvar er klosettið?	화장실은 어디인가요?
Goodbye	Bless (often "bless bless")	안녕히 계세요

커뮤니케이션과 보디랭귀지

전반적으로 아이슬란드인은 가식적이지 않으며, 화를 잘 내지 않는다. 때로는 '북쪽 지역의 남미인'으로 불리며 스칸디나비아 특유의 세련되지 않은 매력을 보이는 일부 아이슬란드인도 있다. 그것을 이해할 수 있는 사람은 아이슬란드인 사이에서 보내는 시간을 신선하고 편안하게 느껴질 것이다.

대화할 때, 아이슬란드인은 직설적으로 직접적이다. 특히 미소를 띠며 서로 기분 좋은 말을 주고받는 나라에서 온 일부 방문객은 불쾌하다고 느낄 수 있다. 아이슬란드에서는 '대화의 공식'이 그다지 중요하지 않다. 이탈리아인이라면 과장된 표정으로 손짓과 몸짓을 사용해 말을 하며 표현적이고 활기를 띠지만, 엄밀히 말해 소통에 필요한 것은 아니다. 따라서 아이슬란드인이 말을 하면서 손을 휘젓거나 목소리를 높이는 모습은 거의 볼 수 없다.

인사를 나눌 때는 시선을 마주 보며 힘차게 하는 악수가 일반적이다. 아침부터 저녁 6시경까지는 godan daginn(낮 인사)가 일반적이며, 그 이후에는 goda kvoldid(저녁 인사)를 한다. 헤어질 때 악수가 일반적이며, 그렇다고 해서 반드시 악수해야 하는 것은 아니다. 친구들 사이에서 여성은 서로 포옹하고 볼 뽀뽀를 하며, 남녀 간 가까운 친구 사이에도 포옹과 볼 뽀뽀를 한다.

전형적인 북유럽 문화에서 개인의 공간은 소중하고 존중한다. 상대방과 너무 가까이 서 있으면 이상하게 생각할 수 있으며, 대화 상대방이 불편해할 수 있다. 가까운 사이를 제외하고, 팔을 잡거나 접촉하는 것을 거의 하지 않는다. 대화하면서 시선을 맞추는 것은 완전히 수용되지만, 계속 응시해서는 안 되며 중간중간 시선을 돌려야 한다.

유머

날씨와 비슷하게 아이슬란드어 유머는 어둡고 우울하다는 표현이 가장 적합할 것이다. 특히 무시무시한 상황을 조롱하는 유머는 불행을 유쾌하고 만들고 절망을 웃음으로 승화시킨다. 일 년 중 상당 기간 햇빛이 하루에 4~5시간밖에 들지 않을 때, 이 외에 다른 방법이 있을까? 빈정대는 것은 아이슬란드에서 가장 낮은 수준의 재치가 아닌 생존전략으로 그 유래는 수백 년 전으로 거슬러 올라간다. 심지어 서사시조차 메마르고

만화가 휘글레이퀘르 다그스손의 작품

냉소적인 말들로 가득하다.

　다행히도 그 전통은 현대 아이슬란드에도 생생하게 살아 있다. 아이슬란드 스탠드업 코미디의 선구자 욘 그나르는 2010년 레이캬비크 시장에 선출되었다. 처음에 그의 선거 캠페인은 농담처럼 시작했으며, 정치인들이 2008년 경제 위기에 대한 대처를 조롱하는 풍자적인 제스처를 취했다. 그러나 그의 정당 '최고당'이 실제 선거에서 당선되자 웃는 사람이 거의 없었다. 그렇다고 걱정하지는 말라. 레이캬비크는 살아남았고, '최고당'은 살아남지 못했다. 다음 선거가 열린 2014년에 해체되었다.

　스탠드업 코미디와 라이브 코미디 쇼가 최근 들어 인기가 높아지면서, 레이캬비크 도심에는 주중에 거의 매일 저녁 영어로 코미디를 경험하고 싶은 사람을 위해 '시크릿셀라The Secret Cellar'라는 전용 공간이 있다. 삶의 암울하고 끔찍한 경험을 유머러스하게 승화시키는 아이슬란드의 태도는 전 세계적인 팬을 얻고 있다. 코미디언 아리 엘드야우르든의 스탠드업 코미디 쇼 "아이슬란드 출신이라"는 2020년 넷플릭스에 공개되면서 대성공을 거두었고, 만화가 휘글레이퀴르 다그스손은 연재물을 통해 계속해서 충격과 즐거움을 동시에 선사하고 있다.

미디어

아이슬란드에는 TV 프로그램 제작이 호황기를 누리고 있다. 예술에 대한 정부의 투자가 늘고 코로나 바이러스 팬데믹으로 인해 새로운 콘텐츠에 대한 수요가 증가하면서, 2021년 신규 영화와 TV 프로그램 개봉 일정이 역사상 가장 치열했다. 그중에는 신규 아이슬란드어 영화 13편과 TV 시리즈 8개가 있다.

아이슬란드 최초의 방송국은 1951년 미군이 설립했으며, 케플라비크 공군 기지에서 영어로 방송했다. 1966년이 되어서야 아이슬란드 국립방송국[RUV]에 의해 아이슬란드어 방송이 시작되었으며, RUV는 아이슬란드 언어와 문화를 홍보하며 민주주의, 인권, 표현의 자유를 존중할 의무가 있다. 6장에서 설명했듯이, RUV는 1987년까지 시청자들의 신체 사회 활동을 장려하기 위해 목요일마다 전송을 중단했다. 이와 비슷하게 1983년까지 7월 한 달 내내 방송을 중단했다. 2007년에 TV 수신료는 폐지되고 모든 성인 근로자는 공공세를 내게 되었다.

일부 아이슬란드인은 공영 TV는 과거의 유물이라 생각하지만, 국민을 결집시키고 국가 비상사태나 자연재해가 발생했을 때 중요한 정보와 서비스를 제공하는 역할을 인정하는 사람들도 있다. 인구의 95%는 일주일에 적어도 한 번은 RUV 서비스를 이용하며, 정보 전파의 기능과 영향력 면에서 중요성을 쉽게 무시할 수 없다.

RUV 2개 채널 외에 민영으로 운영되는 채널들이 여러 개 있다. 넷플릭스, HBO, 아마존프라임, C-모어와 유튜브 같은 온라인 스트리밍 서비스는 전통적인 TV 채널과 경쟁하고 있다.

【 신문 】

아이슬란드에서 신문은 인기가 많다. 아이슬란드 최초의 신문은 1848년에 발행되었으며, 그 이후로 세계에서 가장 신문을 열심히 읽는 나라 중 한 곳으로 성장했다. 국내에서 발간되는 수십 종의 신문 중에서 가장 발행 부수가 많은 두 종류의 신문으로는 「프레타플라디드Frettabladið」와 「모르군블라디더Morgunbladið」가 있다. 전자는 친유럽 성향의 사회민주동맹SDA과 노선이 같으며, 후자는 유럽회의론적이고 부수적인 독립당의 독자층과 가깝다. 그러나 최근 들어 사설의 폭이 넓어졌다.

전문 저널리즘의 기준을 개발하고 지키기 위해 열심히 노력한 아이슬란드 언론인 노조 덕분에 아이슬란드 언론 수준은 높다. 1988년 아이슬란드 언론인 노조의 강령인 "저널리즘의

아이슬란드에서 가장 인기 있는 일간지 중 하나인 「모르군블라디드」

윤리 규칙" 발표는 편파적이고 특정 정당 선호가 지나쳤던 언론 사업에 전환점이 되었다.

영어로 발행되는 「아이슬란드리뷰 Icelandic Review」는 한 달에 2번 발생되며, 온라인으로 일간 뉴스를 제공한다. 가장 활발하게 활동하며 포괄적인 영어 뉴스 웹사이트는 「레이캬비크그레이프바인 Reykjavik Grapevine」이다. 여행 아이디어, 후기, 최신 사이트 정보와 관광지와 편의시설 등 여행 관련 정보가 방대하게 수록되어 온라인 허브의 역할도 한다.

인터넷과 SNS

아이슬란드의 80%는 사람이 살지 않지만, 20%는 유럽 대륙에서 그 어느 곳보다도 더 잘 연결되어 있다. 핸드폰과 인터넷 인프라의 경우, 아이슬란드는 세계에서 가장 발전한 국가 중 한 곳으로, 98%의 가정은 광섬유 광대역을 통해 인터넷에 연결되어 있다. 게다가 아이슬란드는 5G 네트워크 개발로 빠르게 앞서가고 있다. 2020년 9월 보다폰 아이슬란드는 최초의 5G 송신기를 가동했으며, 2년간 수도권 지역에 5G 네트워크를 구축할 계획이다. 아이슬란드 스마트 시티가 머지않았다.

거의 무제한 접근이 가능한 아이슬란드인은 인터넷과 SNS를 열정적으로 사용한다. 최근의 조사에 따르면, 아이슬란드 전체 인구가 인터넷을 사용하고 있으며, 90% 이상이 SNS를 사용하는 것으로 나타났다. 이 수치는 유럽 어느 지역과도 비교할 수 없다. 아이슬란드의 SNS 사랑은 특정 연령대에 국한된 것이 아니다. 70대 이상 연령층 80% 이상이 SNS 플랫폼을 한두 가지 이상 사용하고 있다. 페이스북은 아이슬란드에서 가장 인기 있는 플랫폼으로, 인구의 93%가 정기적으로 접속한다. 참고로 미국인 중 67%만 정기적으로 페이스북을 사용

소셜미디어는 아이슬란드에서 일상이다.

하고 있다. 두 번째로 가장 인기 있는 SNS는 스냅챗이며, 인스타그램과 트위터가 그 뒤를 따른다.

재미있게도 아이슬란드 같이 진보적인(2장 참조) 나라에서 포르노는 불법이다(유럽에서 유일한 국가이다). 그러나 금지된 것은 아니며, 온라인 포르노를 차단하거나 특별히 금지하지는 않는다.

다행히 공공 와이파이 핫스팟은 아이슬란드 전역에서 널리 사용할 수 있다. 그러나 육로로 여행을 하거나 길에서 벗어난 여행을 계획하는 단기 방문객은 케플라비크 공항에 도착해서 또는 레이캬비크에서 선불심카드를 구매할 것을 강력히 추천한다. 아이슬란드 최대의 핸드폰 네트워크 사업자들로는 심인, 노바, 보다폰이 있다. 모두 선불심카드를 판매한다.

아이슬란드는 역동적인 디지털 국가로, 인쇄, 라디오, TV를 비롯한 전통적인 미디어의 모든 콘텐츠를 온라인에서 제공한다. SNS와 같은 디지털 툴이 사회, 정치, 시민 활동에 널리 사용되고 있다.

결론

지리적으로 고립되고 있고 인구가 제한적이지만, 아이슬란드인은 높은 생활 수준, 교육, 성평등, 자연보호와 함께 성공적으로 사회를 구축했다.

아이슬란드는 또한 매우 안전하다. 군대가 없으며, 경찰도 대부분 무기를 소지하고 있지 않으며, 어머니들은 아기들을 유모차에 태워 거리에서 혼자 낮잠을 자게 내버려 둔다. 유일한 위협은 자연환경에 있으며, 상식과 약간의 사전 계획을 통해 항상 피할 수 있다.

문제가 생기면 도움을 받을 수도 있다. 복지제도는 도움이 필요한 사람을 도와주며, 국가구조기관은 전적으로 자원봉사자로 채워져서 언제든 출동할 준비가 되어 있다.

상황이 생기는 대로 받아들이며 항상 대응하고 재평가할 준비가 된 아이슬란드만의 뿌리 깊은 접근법은 북극권의 끝에 있는 섬의 필요를 충족하기 위해 발전했다. 한편으로는 초기 정착민에서부터 전해 내려온 자립심과 독립심은 모든 어려움을 극복할 수 있는 원동력이 된다.

가식적이지 않고 겸손한 아이슬란드인은 현실적이다. 아이슬란드를 방문하는 목적이 무엇이든 이곳에 사는 사람들을 알아갈 시간을 가지면, 신선한 솔직함과 타협하지 않는 공평함과 웅장한 자연에 대한 깊은 사랑과 그 속에서 잘 공존하는 아이슬란드인을 발견하게 될 것이다.

유용한 앱

My Aurora Forecust

북극광을 쫓는 사람들과 그렇지 않은 사람들에게 이 앱은 위치에 따라 북극광을 볼 확률을 알려주며, 북극광을 만날 확률을 높이기 위해 어디로 가야 하는지를 알려준다.

HandPicked Iceland

먹거리, 숙박, 문화, 쇼핑, 놀이 및 어린이 액티비티를 전국에 걸쳐 추천한다.

Iceland Road Guide

로드맵과 가는 길을 알려주면서 전역에서 인근의 숙박, 레스토랑, 활동 및 관광지를 찾을 수 있다.

Icelandic Sagas

아이슬란드 문학 유산에 흠뻑 젖어 중요한 작품의 주요 등장인물들에 대해 배울 수 있다.

Iceland Travel Guide

Triposo가 만든 이 앱은 레이캬비크와 이외 지역에서 관광, 호텔, 레스토랑, 술집에 대한 정보를 제공한다. 배경 정보를 읽고 와이파이가 안 되는 지역을 방문할 때는 지도를 다운로드 받자.

Ranking C-19

아이슬란드의 공식적인 코로나 19 접촉자 추적 앱. 개인정보보호 기능으로 찬사를 받는 Rakning C-19는 바이러스 보균자와 접촉을 했는지 알 수 있어서 적절한 조치를 취할 수 있다.

Straeto

영어로 사용할 수 있는 이 앱은 레이캬비크와 남부 지방을 돌아다니려는 사람에게 택시 요금을 내기 위해 집을 담보잡지 않으려면 필요한 앱이다.

Vedur

아이슬란드의 변덕스럽고 때로는 극심한 날씨에 놀라지 말자. Vedur를 다운로드 받아서 분 단위로 아이슬란드 전역의 기상 상황을 확인하자.

Wapp

하이킹을 즐기는 사람들을 위한 앱이다. Wapp은 트레인 지도와 루트마다 정보와 사진을 제공해 예측할 수 있다. 난이도와 지형에 따라 트레일을 검색할 수 있으며, 오프라인에서 사용할 수 있게 지도를 다운로드 받자.

112 Iceland

이 앱은 아이슬란드의 긴급 서비스가 운영한다(전화번호 112). 이 앱은 도움이 필요한 경우 긴급 서비스에 연락하거나, 극심한 날씨와 같이 만일을 대비해 위치 추적이 필요할 경우 자신의 위치를 저장할 수 있는 위치 확인 기능으로 사용할 수 있다.

참 고 문 헌

Byock, Jesse. *Viking Age Iceland*. London: Penguin, 2001.

Byock, Jesse. *The Prose Edda: Norse Mythology*. London: Penguin, 2005.

Karlsson, Gunnar. *Iceland's 1100 Years: History of a Marginal Society*. London: C. Hurst & Co., 2020.

Magnusson, Sigurdur Gylfi. *Wasteland With Words: A Social History of Iceland*. London: Reaktion Books, 2010.

Neijmann, Daisy. *Colloquial Icelandic: The Complete Course for Beginners*. Abingdon-on-Thames: Routledge, 2015.

Sigmundsdottir, Alda. *The Little Book of the Hidden People: Twenty stories of elves from Icelandic folklore*. Reykjavik: Little Books Publishing, 2019.

Smiley, Jane. *The Sagas of the Icelanders*. London: Penguin, 2005.

Stefansson, Hjorleifur Helgi. *Icelandic Folk Tales*. Cheltenham: The History Press, 2020.

Willson, Margaret. *Seawomen of Iceland: Survival on the Edge*. Seattle: University of Washington Press, 2019.

지은이

토르게이어 프레이르 스베인손

토르게이어 프레이르 스베인손(Thorgeir Freyr Sevinsson)은 북서부 정착촌 스카가피요르뒤르(Skagafjordur) 출신으로 아이슬란드 토박이다. 저자는 아이슬란드 대학에서 신학 학사와 런던대학교 버크벡 대학에서 경영학 석사를 취득했다. 진정한 노르드인답게 토르게이어는 노르웨이와 핀란드와 영국에 닻을 내렸고, 새로운 문화를 탐방하는 훈련을 잘 받았다. 낚시광이자 축구 애호가인 그는 아이슬란드 남부 셀포스에서 아내와 함께 게스트하우스를 운영했고, 현재는 아이슬란드 대학에서 프로젝트 매니저로 재직하며, 아내와 함께 레이캬비크에 살고 있다.

옮긴이

권은현

서울외대를 졸업하였으며, 다년간 통역사로 활동하였다. 현재 번역에이전시 엔터스코리아에서 번역가로 활동하고 있다. 옮긴 책으로는 『세계 문화 여행_핀란드』, 『착한사람을 그만두면 인생이 편해진다』, 『백만장자의 아주 작은 성공 습관』 등이 있다.

세계 문화 여행 시리즈

세계의 풍습과 **문화**가 궁금한
이들을 위한 **필수 안내서**